Karl Sittl

Die lokalen Verschiedenheiten der lateinischen Sprache

Mit besonderer Berücksichtigung des afrikanischen Lateins

Karl Sittl

Die lokalen Verschiedenheiten der lateinischen Sprache
Mit besonderer Berücksichtigung des afrikanischen Lateins

ISBN/EAN: 9783743316003

Hergestellt in Europa, USA, Kanada, Australien, Japan

Cover: Foto ©Thomas Meinert / pixelio.de

Manufactured and distributed by brebook publishing software
(www.brebook.com)

Karl Sittl

Die lokalen Verschiedenheiten der lateinischen Sprache

Die

lokalen Verschiedenheiten

der

lateinischen Sprache

mit besonderer Berücksichtigung

des afrikanischen Lateins

von

Dr. Karl Sittl.

Erlangen.

Verlag von Andreas Deichert.

1882.

Druck von Junge & Sohn in Erlangen.

Vorwort.

Seitdem die Sprachwissenschaft in einer Sprache nicht
mehr eine einheitliche wirre Masse sieht, für die ein Mass-
stab genügt, hat man gewisse Kategorieen zu scheiden ge-
lernt; von den Besonderheiten jeder Literaturgattung und
jedes einzelnen Schriftstellers will ich hier absehen und nur
die umfassenden Begriffe des Ortes und der Zeit hervorheben.
Ein nicht kleiner Teil der philologischen Literatur unserer
Zeit beschäftigt sich mit der historischen Grammatik der
klassischen Sprachen, viele Schriften haben die Mundarten
der verschiedenen Länder Griechenlands zum Gegenstande,
aber von vagen Aeusserungen abgesehen hat sich noch Niemand um die Mundarten der lateinischen Sprache gekümmert.
Woher kommt das? weil sie sich überhaupt nicht in Mundarten spaltete? Gewiss nicht, sondern nur, weil deren Ueberreste nicht an der Oberfläche liegen und nicht ohne Mühe
entdeckt werden können. Dennoch ist es eben so gewiss,
dass Spuren vorhanden sind, als dass einmal der Versuch
gemacht werden muss, sie aufzuspüren und zusammenzustellen.
Dies ist der Zweck der vorliegenden Arbeit. Eine erschöpfende Behandlung des Themas wird frühestens in zehn
Jahren, wenn das grosse Inschriftenwerk fertig vorliegt und
einige hundert neue Monographieen unsere Kenntnis des Lateinischen noch mehr erweitert haben, möglich sein; diese
Schrift beabsichtigt nur, auf ein unberührtes Gebiet hinzu-
weisen und den Wegweiser durch dasselbe zu machen. Durch
verschiedene Umstände wurde der Verfasser gedrängt, sie

früher seiner homerischen Abhandlung nachfolgen zu lassen als ihm lieb war; die Resultate sind daher auch zum Teil nicht ausführlich begründet. Dass aber die rasche Veröffentlichung möglich wurde, verdanke ich freundlicher Beihilfe, vor allem der Unterstützung des Herrn Professor Dr. E. Wölfflin, der die Arbeit nicht nur mit wertvollen Zusätzen bereicherte, sondern auch mich stets auf die neuesten Erscheinungen aufmerksam machte und sogar bei der Korrektur unterstützte. Nicht unerwähnt darf ich dann die Hilfe lassen, deren ich mich in mannigfacher Weise von Seiten der Herren Professoren W. von Christ, H. Brunn, C. Bursian und E. Kuhn zu erfreuen hatte, noch auch die freundliche Unterstützung des Herrn Bibliothekars P. O. B. Odilo.

München, den 23. Juli 1882.

Dr. Karl Sittl.

I. Teil.

Die lokalen Verschiedenheiten der lateinischen Sprache in Italien.

Mag sich eine Sprache über ein noch so kleines Gebiet
erstrecken, sie wird doch innerhalb seiner Grenzen nicht
überall völlig gleich gesprochen, sondern sie zerfällt mit Not-
wendigkeit in mehrere Mundarten. Da auch die lateinische
Sprache diesem Naturgesetze nicht entgehen konnte, müssen
sich zunächst in Latium selbst lokale Varietäten derselben
herausgebildet haben; als sie nun vollends diese engen Grenzen
überschritten hatte und die übrigen Sprachen Italiens ver-
drängte, da war es notwendig, dass sie die Alleinherrschaft
vorerst nur gewann, indem sie sich der jeweiligen einheimischen Sprache etwas anbequemte; denn die Italer konnten
nicht mit einem Schlage ihre Muttersprache aufgeben und die
lateinische so rein, wie ein Latiner, sprechen. Nehmen wir
dazu die zahlreichen Faktoren für eine eigenartige Gestaltung,
wie Mischung der Bevölkerung, abgeschiedene Lage, Einfluss
des Klimas und der Lebensweise auf die Sprechorgane, so
dürfen wir a priori annehmen, dass sich die lateinische
Sprache in nicht weniger zahlreiche Mundarten zersplitterte
als es bei der heutigen Sprache Italiens der Fall ist. Diese
theoretischen Sätze werden schwerlich einem Widerspruche
begegnen; dieser erhebt sich vielmehr erst, wenn wir jene
Unterschiede auch in den erhaltenen Sprachdenkmälern suchen.
Wer an berühmte Namen anzuknüpfen liebt, dürfte vor einem
Versuche in dieser Richtung von vornherein abgeschreckt
werden, da jene Theorieen fast ausnahmlos Theorieen geblieben sind. Früher waren ja Fehler der Steinmetzen das
Hauptschlagwort; jetzt sind die Epigraphiker, namentlich
durch die Bemühungen um die römische Volkssprache, die

zeigten, dass die meisten dieser „Schreibfehler" nur Sprachfehler waren, von dieser allerdings bequemen Doktrin zurück-
gekommen, ohne jedoch etwas besseres an die Stelle zu setzen.
Man hat zwar hie und da, wenn eine Inschrift in sehr schlech-
tem Latein abgefasst und in recht weiter Entfernung von
der Hauptstadt aufgefunden war, eine Einwirkung italischer
Schwestersprachen zugegeben; aber überall fehlte die konse-
quente Durchführung und einer Hypothese zu liebe war man
gerne bereit, in denselben Denkmälern, wie z. B. in der
Duenosinschrift, das schönste und älteste Latein zu finden,
unbekümmert darum, dass dann nicht selten die angeblich
spätere Form der Urform näher als jene uralte stand. Bücheler, Corssen, Garrucci und Jordan (z. B. krit. Beiträge S. 73)
haben ausserdem hie und da von munizipalem oder Bauern-
Latein gesprochen; an diesem erwünschten Zugeständnisse
wollen wir festhalten, da der etruskische und der kampanische Munizipale ebensowenig als jetzt der Florentiner und
der Neapolitaner gleich geredet haben können. Die Theorie
vom munizipalen Latein durchlöchert auch das Beispiel des
Faliskischen, das man als besonderen Dialekt auffasst, wobei
aber seine Unterschiede vom Römischen so übertrieben wurden, dass die faliskischen Inschriften im Corpus inscriptionum
Latinarum keine Aufnahme fanden, während sabellische Denkmäler, wie das pälignische C. I. I 195 passieren durften.
Darin liegt kein Vorwurf, es ist vielmehr ein Symptom der
Unklarheit in solchen Fragen. Aber vielleicht könnte man
die Annahme eines munizipalen Lateins durch Hinweis auf
gemeinsame Erscheinungen, die der Hauptstadt fremd blieben,
retten? Eine solche Uebereinstimmung dürfte immer nur
scheinbar sein; so mag man von „munizipalen" Dativen der
A-Stämme reden, die auf langes a ausgehen, indem der lange
Vokal, wie im Griechischen, I aufgesogen hat [1]). Hier treffen
wir sowohl im Norden als im Süden Beispiele, während sie,
Präneste ausgenommen, das in Sprache und Kultur immer
eine Sonderstellung einnahm, in Latium gänzlich fehlen. Das
eigentliche Etrurien ist nicht vertreten, dagegen Falerii durch
Menerva Garr. 559 (M. sacru) und das umbrische Pisaurum

---

1) Mommsen, unterit. Dial. S. 365; Ritschl, Rh. M. 16 (1861)
S. 603; Corssen, Vokalismus I 688. 765. II 687 f.

durch Feronia C. I. I 169 = Garr. 850 (von dede abhängig);
Loucina C. I. I 171 = Garr. 852?; Marica C. I. I 175 =
Garr. 856?; Matuta C. I. I 177 = Garr. 858 (bei dono de-
dro); Nomelia ? C. I. I 180 = Garr. 861 (bei dede). Präneste repräsentiert Fortuna C I. I 1133 = Garr. 585 (mit
dedit); den Uebergang zum Süden bildet dann atoierpattia
auf der Fuciner Bronzeplatte. Den Süden endlich vertreten
zwei kampanische Steine, die die Widmung Loucina Tusco-
lana ganz C. I. I 1200 = Garr. 832 oder . . . . olana, den
Rest derselben Worte (C. I. I 1201 = Garr. 833) enthalten,
wogegen von Martha C. I. I 1229 = Garr. 1663 (Abellinum)
nicht sicher steht, ob es Nominativ oder Dativ sei. Das süd-
lichste Beispiel ist Venerei Erucina C. I. I 1475 = Garr. 2202
auf dem sicilischen Berge Eryx. Zum Schlusse füge ich noch
Junonei Loucina auf einer Bronze unbekannter Herkunft C. I.
I 189 = Garr. 546 bei. Von den übrigen italischen Sprachen besitzt nur das Pälignische, wie Minerva C. I. I 194
beweist, diese eigentümliche Form. Der munizipale Charakter ist jedoch nur scheinbar; denn einmal tritt entschieden
die Mundart von Pisaurum dominierend hervor, dann aber
gehören die kampanischen Beispiele und das sicilische erst
der Zeit nach dem hannibalischen Kriege an, während die
anderen fast ausschliesslich in die vorhergehende Periode
fallen. Diese Dative scheinen also von Nordumbrien (Pisaurum) ausgegangen und zunächst in die benachbarten Länder
eingedrungen zu sein, worauf sie später auch nach Süditalien
kamen, während sie im Norden allmälig verschwanden [2]).
Zu noch klareren Resultaten kommen wir, sobald wir die
italischen Inschriften der republikanischen Zeit — die der
Kaiserzeit übergebe ich abgesehen von den pompejanischen
ganz, weil damals die Stammesunterschiede schon mehr ni-
velliert waren — mit Rücksicht auf ihren Fundort eingehen-
der betrachten. Es wird uns hier freilich der Einwurf, die
Munizipalstädte seien auf einer niederen Bildungsstufe gestanden, nicht erspart bleiben; wie erklärt es sich dann aber,
dass so viele Eigentümlichkeiten nur innerhalb bestimmter

2) Interessant ist, dass in der Kaiserzeit die lateinisch sprechenden Britannier dieselben Formen gebrauchten, vgl. Nemetona C. I.
VII 36 und sacratissima 46.

1 *

Grenzen auftreten? Ueberdies waren vor dem hannibalischen
Kriege Etrurien und Präneste Rom an Bildung weit überlegen
und nachher kann, wenigstens solange der Hellenismus noch
nicht weitere Kreise der Hauptstadt erfasst hatte, der Unterschied nicht bedeutend gewesen sein. Dies beweisen sowohl
die Altertümer als die Zahl der Inschriften, deren in Etrurien
eine grössere Anzahl als im ganzen übrigen Italien der republikanischen Zeit zusammen gefunden wurde. In Etrurien
und Präneste hatte jeder einfache Bürger schon lange seine
Grabschrift erhalten, ehe die Scipionen diese Sitte in Rom
einführten. Die Pränestiner schrieben also jedenfalls relativ
korrekt und auch die Etrusker waren vermöge ihrer Bildungsstufe befähigt, eine fremde Sprache so korrekt zu schreiben,
wie sie dieselbe sprachen.

So sondern sich die nordlateinischen Mundarten
bestimmter als in dem besprochenen Falle durch verschiedene
Eigentümlichkeiten der Aussprache und Deklination von der
Masse der übrigen. Wer würde glauben, dass sich der
Uebergang des Diphthongen AE zu E vor der Grac-
chenzeit auf die Redeweise der nördlichen Munizipalen und
der Pränestiner, die auch hinsichtlich der Kunst sich an jene
anschlossen, beschränkte? Die ältesten Beispiele finden wir
in Falerii und Pisaurum: in jener Stadt war ae ebenso vollständig, wie das ältere ai, untergegangen; wenn letzteres
ausser einer Inschrift in römischen Buchstaben, auf die also
die Orthographie der Hauptstadt Einfluss geübt hat (Garr.
syll. 806 Clipeai), nur in Clipiai (Garr. 805) sich findet, so
dürfen wir im Hinblick auf den bereits besprochenen Dativ
Menerva (Garr. 559) I als ἰῶτα προσγεγραμμένον betrachten.
Dagegen kommt der einfache Vokal in Mecio (Garr. 797),
Cesilia (ib. 797), Cesula (ib. 798), Ce[so] (ib. 804. 808),
pret[or] (ib. 808), Cepio (Dressel Bull. d. I. 1881 p. 158
Nr. 6), sogar in dem Senatsbeschluss bei Garr. 559 (pretod)
vor. Nicht so ausnahmslos gilt die Regel von Umbrien: einem
Beispiele von Pisaurum (Cesula C. I. I 168 = G. 849) treten
zwei von ai (quaistores und aire) in der öffentlichen Inschrift
C. I. I 181 = G. 561 gegenüber; auf dem Standpunkte von
Falerii steht jedoch das Gesetz von Spoleto [3]), das cedre und

---

3) von Bormann in den Miscellanea Capitolina, Rom 1879 (dar-

cedito neben dem zweimaligen Dativ moltai bietet. Auch
die Beispiele aus der Zeit nach dem hannibalischen Kriege
entfernen uns nicht allzuweit von jenen Gegenden; an sicheren
Belegen wüsste ich freilich nur aus etruskisch - lateinischen
Inschriften mit Uebergehung der nationalen Denkmäler Etruriens anzuführen: Guecilii = Caecili Fabretti C. I. Ital. 90,
Leli ib. 174, Celias suppl. I 154, Cnevia (Garr. 1963 =
Fabr. suppl. I 160) und Cnevias (ib. 1975 = Fabr. suppl. I
154) (etrusk. auch Cnevi, Cneve, Cnei) gegenüber Cnaeve
bei Garr. 1962. 1964. 1965, während die entgegengesetzte
Schreibung, die aber dieselbe Aussprache von ae für die
Vestiner beweist, in der Form undaequae = *undeque = undique der bekannten Tempelinschrift von Furfo vorliegt. Mit
undaequae stehen auf einer Stufe Haerina (Fabretti, suppl. I
251 ter g) und Haerinna (ib. d. f) in lateinischen Grabschrif-
ten. Wahrscheinlich gehört auch Präneste zu dem Gebiete
derselben Erscheinung; Grecia (Garr. 679) soll nach Bull. d.
I. 1870 p. 105 = Eph. ep. I n. 128 verdorben sein, wird
aber durch den pränestinischen Vornamen Graeca (C. I. I 155
= Garr. 779) und den etruskischen Familiennamen Creice
(Deecke in Müllers Etr. I² S. 500) gestützt. Sonst kann man
aus republikanischen Inschriften keine sicheren Beispiele nachweisen, da weder Mevius noch Menates oder Retus mit dem
Diphthong etwas zu schaffen haben [4]). Während derselbe
also im Norden längst untergegangen war, erhielt er sich
zu Rom abgesehen von prebendo, wo AE teils durch die
schwache Betonung des Präfixes teils durch den assimilierenden Einfluss des folgenden Vokals in E überging, bis zur Zeit
des Lucilius unangetastet. Erst damals fingen die römischen
Bauern an, gerade in jenem Präfixe, das auch im Oskischen
allein den Diphthong verlor (Bücheler, Rh. M. 33, 65),
langes E, also pretor zu sprechen. Ich weiss wohl, dass
Lucilius (fr. 9, 9 M.) sagt: Cecilius pretor ne rusticu' fiat,
aber nach dem folgenden Fragmente scheint der Satiriker nur
die Unrichtigkeit von pretor aus der Etymologie nachgewiesen

___

nach in Bruns' fontes iuris Romani p. 44 sq. und Garruccis Addenda
Nr. 2381) herausgegeben.
    4) Pestano bei Ritschl, fict. Lat. p. 22 ist eine falsche Lesung
für Palstano (C. I. I 17).

und Cecilius blos karrikierend hinzugefügt zu haben. Selbst
die Aussprache des AI wie AE drang ja erst in der Periode
der Gracchen durch (Corssen, Aussprache I² S. 695). In den
Stammsilben vollzog sich demnach der Uebergang erst in der
Zeit des Varro (l. l. 5, 97. 7, 96). Wir sind so glücklich,
den Ausgangspunkt dieser Bewegung noch ermitteln zu können: das Umbrische hatte nämlich AI und AE gänzlich aufgegeben und regelmässig zu E verdünnt (Aufrecht u. Kirchhoff I, 1, 41). Auf seinen Einfluss dürfen wir auch die vereinzelten Fälle im Etruskischen (Deecke II² S. 367 ff.), die
besonders die italischen Wörter und Namen treffen, und in
den sabellischen Sprachen (Volsk. esaristrom und vielleicht
Marsisch esos nach Bugge, altital. Studien S. 41) zurückführen.

Von Eigentümlichkeiten der Aussprache im nördlichen
Latein wüsste ich sonst nur den Wechsel von F und H anzuführen. Bekanntlich haben die italischen Sprachen mehrere
Fälle dieser Abschwächung gemeinsam (Bugge, altitalische
Studien S. 78); die Sabiner behielten jedoch auch in ihrem Latein
das alte F noch regelmässig bei (Mommsen, unterital. Dial.
S. 358 f.). Umgekehrt verwandelten die Falisker F in H
nach dem Musterbeispiele haba = faba (Ter. Scaur. p. 13, 9,
ungenau antiqui ib. p. 23, 19 = Vel. Long. p. 69, 11). Derselbe Wechsel findet sich auch in Etrurien überhaupt; ausser
den epichorischen Beispielen bei Deecke (II² S. 422) vergleiche man Hastia (Garr. 2027, Fabretti suppl. I 251 ter z,
Gammurini suppl. 411. 419. 469. 722) mit Fastia (Garr. 2033
= Fabretti suppl. I 295). Die pränestinischen Beispiele dagegen, die Garrucci anführt, haben keine Gewähr: C. I. I
1501 = Garr. 524 liest man jetzt Velena; statt Fercles C.
I. I 1500 = Garr. 523 edierte Mommsen Hercles; auch statt
Fasia (Eph. ep. I 168 b = Garr. 539), für das übrigens noch
Niemand eine ansprechende Erklärung gefunden hat, steht,
wie aus Garrucci, syll. p. 3 hervorgeht, auf dem Spiegel
wahrscheinlich Vasia, so dass Jordans Konjektur (kritische
Beiträge S. 75) Hasia hinfällig wird. Foratia endlich
(Garr. add. 2354) ist nur durch Garrucci bezeugt, also ohne
Garantie.

Daran reihen sich noch einige Eigentümlichkeiten der Formenlehre: der Genitiv der dritten Deklination auf -ěs

und der entsprechende freilich anders entstandene Dativ auf -ē
können wenigstens vor dem hannibalischen Kriege nur in den
nördlichen Gegenden und im Marserlande nachgewiesen werden. Dort hat das Vorbild des Umbrischen, hier das des
Marsischen (Fabretti 2741, 6. 2742 bis) und des Marrucini-
schen (Mommsen, unterit. Dialekte S. 341) gewirkt. Der
Genitiv scheint sogar Latium überhaupt fremd geblieben sein,
da er, so viel ich sehe, nur in Etrurien (Salutes C. I. I 49
= Garr. 482; Aules Garr. 2026, Praesentes in etrusk. Buchstaben Fabretti 250, Veneres Garr. 2404) und Sabinum (Ero-
nes Garr. 1843 und Menates C. I. I 633 = Garr. 565) auftritt. Dazu kommen noch zwei Bronzen, von denen die eine,
jetzt im Münchner Antiquarium (C. I. I 187 = Garr. 560
Apolones), nach Garruccis Behauptung aus Lugnano (eine
deutsche Meile von Präneste) stammt [5]); von der anderen in
Neapel (C. I. I 811 = Garr. 548), welche Cereres enthält,
weiss man gar nichts näheres über den Fundort. Somit
scheint mir auch über die handschriftlichen Genitive virgines
Enn. ann. 103 und mancupes Varro l. l. 5, 4, 40 das Urteil
gefällt. Stadtrömisch ist vielmehr die Endung is (z. B. C. I.
I 33 = Garr. 881) und us (s. u.). Der Dativ lautet auf -e
aus in Pisaurum: C. I. I 172 = Garr. 853 und 173 = Garr.
854 Junone; C. I. I 177 = Garr. 858 matre; C. I. I 178 =
Garr. 859 Novesede; C. I. I 179 = Garr. 860 Salute (nur
C. I. I 167 = Garr. 848 Apolenei); im spoletinischen Tempel-
gesetze Jove Garr. add. 2381; auf einem Bronzeplättchen von
Amiternum Eph. ep. II p. 205 = Garr. 2298 patre; in Tibur,
der Nachbarstadt Pränestes C. I. I 62 a. b = Garr. 549 Marte;
in Tuskulum ib. 63 = Garr. 570 Maurte; bei den Marsern
ebenfalls patre C. I. I 182 = Garr. 838. Den etruskischen
oder pränestinischen Spiegel C. I. I 56 = Garr. 532 mit der
Aufschrift Hercele wollen wir, da die Erklärung dieser Form
streitig ist, ganz aus dem Spiele lassen. Ausserdem haben

---

5) Woher Garrucci dies weiss, verrät er nicht; er könnte aber
etwas genaueres wissen, weil zuerst der römische Abate Sabatini das
Täfelchen besass. Auch stimmt zu seiner Behauptung sowohl die
Sprache als der Name Mindios, den in republikanischer Zeit sonst nur
ein Herniker (Garr. 1513) trägt. Präneste liegt ja nicht weit von
Anagnia entfernt!

wir es wieder mit Bronzen unbekannter Herkunft zu thun: Diove C. I. I 188 = Garr. 545 und Junone ib. 207 a = Garr. 547, wozu noch die berühmte Duenosinschrift mit Ope und Jove (nach Jordan Jovei) tritt[6]). Jordan hat mit Recht hervorgehoben, dass die Auffindung des Gefässes in Rom denn doch unentschieden lasse, ob es in Rom selbst auch verfertigt worden sei. Wir werden später noch auf dieses merkwürdige Weibgeschenk zu sprechen kommen. Aber im Index des Corpus inscriptionum schaut uns unter den Belegen für die Form auch eine Zahl (C. I. I 41 = Garr. 866), die eine römische Inschrift bezeichnet, entgegen. Schlagen wir jedoch nach, so werden wir schnell beruhigt. Auf dem Steine steht nämlich nur MAR, das nach Analogie von virtutei (C. I. I 30 = Garr. 880) zu Martei ergänzt werden muss. Auch nach dem hannibalischen Kriege erhielt sich dieser Dativ in demselbe Gebiete: in einer Inschrift aus Ameria (C. I. I 1402 = Garr. 2079) steht Jove, in Präneste C. I. I 1134 = Garr. 1485 Hercule und im marsischen Aschi C. I. I 1770 = Garr. 842 Jove Sacricoste. Aber das Gebiet hat sich jetzt schon erweitert: Sardinien ist durch merente in der bekannten dreisprachigen Inschrift (zuletzt bei Garr. 2200), Kampanien durch Apolone Ritschl suppl. III a S. 3 = G. 831 von Cales, Junone C. I. I 1200 und Pale ib. 1201 von Capua vertreten. Innerhalb der Grenzen Latiums hat das Landstädtchen Lanuvium Junone C. I. I 1110 = Garr. 1462. Aber auch in Rom drang die Form ein, jedoch meistens nach R, dem Konsonanten, der E besonders liebt: vetere C. I. I 200, 17 = Garr. 920; Jovei victore C. I. I 638 = 1125; [Junon]e Loucinai C. I. I 813; Pilemone C. I. I 1104; Honore Bull. d. I. 1872 p. 90 = Garr. add. 2341; Hercole Bull. d. I. 1878 p. 102 = Garr. add. 2392; lictore C. I. I 1060 = 1405. Auf Forte in einer Inschrift der Arvalbrüder ist ebensowenig Verlass als auf Diove victore bei Quintil. 1, 4, 17. Joure dicundo (C. I. I 198, 31) wird auch als Ablativ gefasst; lumine (Cato bei Gell. 2, 28, 6) ist nur handschriftlich bezeugt.

Noch besser lässt sich die Gruppe von Mundarten bei dem Dativ der ersten Deklination auf E sondern.

---

6) Osthoff Rh. M. 1881 S. 482 erklärt Jove für einen Akkusativ der Richtung.

Hier haben wir unter der grossen Anzahl der hauptstädtischen Inschriften ein einziges Beispiel, Nice C. I. I 1104 = $N\ell x\eta$, das für die lateinische Grammatik keine Bedeutung besitzt. Remureine C. I. I 810 = Garr. 1144 ist viel zu unsicher als dass man darauf bauen könnte; Garrucci macht dazu eine bei ihm ungewohnte vortreffliche Bemerkung: At Remurine pro Remurinae puto Romae non facile scribi posse. Dagegen trifft man solche Dative in Etrurien: C. I. I 1345 = Garr. 556 aus Orvieto, Fabretti 2013 u. 2014 Fortune aus Perugia, zu Falerii C. I. I 1313 = Garr. 1880 Abelese und Plenese, freilich nicht ganz sicher; in Tusculum, das seinem Namen nach mit den Tuskern einst in Verbindung stand, Fortune C. I. I 64 = Garr. 571; zu Veleja in dem halbetruskischen Polande Bononie Garr. 2140; ferner im Nordosten zu Pisaurum C. I. I 168 = Garr. 849 Diane und bei den sabinischen Aequicoli G. 563 State. Den Abschluss gegen Süden bildet wieder das marsische Gebiet mit Victorie C. I. I 183 = Garr. 840; Pacedie Garr. 1530 [7]). Sonst kommt der Dativ abgesehen von dem indeklinabeln phönikischen Namen Merre in der erwähnten sardinischen Inschrift (Garr. 2200) nur auf einem nicht sehr alten Steine der latinischen Ortschaft Labicum (Diane Garr. 1459) vor. Eine Inschrift von unbekannter Herkunft, die sich jetzt in Verona befindet (C. I. I 1432 = Garr. 2150), bietet Amande; aber sie ist wahrscheinlich aus späterer Zeit und Ritschl hätte sie wegen der unterlassenen Konsonantenverdopplung (enarr. tab. p. 53), die ja auch in späten Denkmälern sehr oft vorkommt, nicht aufnehmen sollen. Während hier der Süden kein einziges Beispiel liefert, kommt der einzige Beleg für den Genitiv auf e zur Zeit der Republik in Kampanien (probe Garr. 1599) [8]), dagegen der einzige für den Nom. Pl. auf -e in einem griechischen Worte und auf griechischem Boden vor, wenn anders in den samothrakischen Inschriften C. I. I 578 = Garr. 934 und 579 muste $=$ $\mu\acute{\upsilon}\sigma\tau\alpha\iota$ richtig gelesen wird. Mit jener Begrenzung des Dativs stimmt ausgezeichnet

---

7) Vesune und Erine C. I. I 182 = Garr. 838 und Vesune Garr. 562 stehen in unlateinischen Inschriften.

8) Vielleicht unterschied man auf diesem Wege die gleichlautenden Genitive und Dative.

überein, dass das Umbrische mit dem ihm ähnlichen Volski-
schen den Dativ ebenso bildet. Wir finden also eine Gruppe von nordlateinischen
Mundarten, welche Etrurien, Umbrien, das Sabinerland und
Präneste umfasst und auf das Latein der angrenzenden sabellischen Stämme und der Stadt Tuskulum eingewirkt hat. Sie
selbst wird teils von dem Umbrischen teils auch von der
Etruskischen Sprache beeinflusst. Bevor wir auf die einzelnen
dazu gehörigen Dialekte eingehen, wollen wir zuvor, was
nur wenige derselben in brüderlichem Verhältnisse gemeinsam
haben, ausscheiden; die Berührungen des Etruskisch-latcini-
schen mit dem Faliskischen und Pränestinischen, wobei die
Tusker das Vorbild abgegeben haben, bleiben also vorläufig
unberührt.

Zunächst erhellt, dass die Verdunklung von O zu U im
Deminutivsuffixe zu Pisaurum und Falerii beginnt; dort kommt
wenigstens schon in sehr alter Zeit der Frauenname Cesula
C. I. I 168 = Garr. 849 und Garr. 798 vor [9]).

Dagegen scheint sich der Uebergang von I zu E in dem
Suffix IVS auf Etrurien, Falerii, Präneste und die südwestlichen
Sabiner zu beschränken: Perugia liefert Area = Arria (Fabretti
2019); in Falerii findet sich Juneo (Garr. 800), Vertenea (ib. 802),
Tertineo (ib. 808) und Tertinei (ib. 809), Folcozeo (Dressel
Bull. d. I. 1881 p. 156 Nr. 1) .... zeo (ib. Nr. 5) und vielleicht Folcuzeo (ib. Nr. 4); zu Präneste Oveo C. I. I 162
= Garr. 725 und fileai C. I. I 54 = Garr. 522 und in der
etwa zwei Stunden von Falerii entfernten sabinischen Stadt
Trebula Mutuesca Feroneae C. I. I 1307 = Garr. 1875. Von
einer halbbarbarischen Inschrift in Triest (C. I. I 1464 =
Garr. 2190), die VIEAM PRECAREAM lautet, dürfen wir
billiger Weise absehen. Ausserdem steht nach Garruccis Behauptung, der sogar einen Staniolabdruck gemacht haben will,
noch auf einem ehernen Medusenkopf von unbekannter Herkunft der Künstlername Oveo (C. I. I 51 = 486). Ritschl
(Pr. L. M. l Cc.) und Mommsen (C. I. I 51) lesen jedoch
OVIO und zwar nach Henzens freundlicher Mitteilung mit
Recht; aber auch so dürfte Präneste oder seine Umgebung
die Heimat des Künstlers sein, wenn auch Brunn (Gesch. der

---

9) Corssen, Vokalismus I² S. 687 A. ** u. II² S. 139.

griech. Künstler I S. 533) will, dass Ovius aus südlichen Gegenden stamme; seine paläographischen Gründe haben jedoch jetzt keine Geltung mehr und die Tribus Oufentina, die der Künstler als seine Gemeinde angibt, hatte nicht blos im Süden Besitzungen. Dagegen ist zu betonen, dass der Familienname Ovius sonst nur in Präneste vorkommt (C. I. I 162 = Garr. 725).

Ein gleiches Zusammengehen von Etruskern und Sabellern ergibt sich bei der Untersuchung der Frage, welches Volk zuerst T vor I assibiliert hat. Wir haben Praesenzia in in einer Inschrift von Perugia (Garr. 2033 = Fabr. suppl. I 295), Arcenzios auf einem Bronzetäfelchen von Cortona (Fabretti 1045) und Vencsi C. I. I 1367 = Garr. 1993 oder Vensius C. I. I 1368 = Garr. 1994 neben dem etruskischen Ventia, das aber auch schon Venza lautete (Fabretti 765 vgl. 793). Den Anstoss dazu gab dort die etruskische Sprache, worüber man Corssen (kritische Beitr. S. 485) und Deecke (II² S. 426 ff.) vergleiche; sie bemerken nicht, dass wohl immer der Vokal I oder auch umlautendes U, mögen sie nun noch erhalten oder ausgefallen sein, die Veranlassung dazu gaben. Auch Umbrer und Osker (Bechtel in Bezzenbergers Beiträgen 1881 S. 7) gaben dieser Strömung etwas nach. Ausserdem lässt sich jetzt ein entsprechender Fall auch im marsischen Latein nachweisen, auf der bekannten Fuciner Bronzeplatte steht nämlich die interessante Form Martses = Marties, woraus sich dann der allgemein übliche Name des Volkes Marsi entwickelt hat. Wahrscheinlich entspricht auch Brutsena auf einem Stein von Interamna in Süd-Picenum (Garr. 2113) einem lateinischen Brutiena.

In allen diesen Fällen folgt auf I ein Vokal, was die Assibilation besonders befördert (Corssen in Kuhns Zeitschrift 13, 196 f. und kritische Beiträge S. 478 f.).

Nur Falisker und Aequer finden sich im Vernichtungskriege gegen das auslautende R zusammen: die Falisker sprechen uxo (Garr. 803 a) und mate (ib. 802), wie die nordwestlichen Aequer uxo (Garr. 1866 von Borgo Collefegato). Damit hängt auch zusammen, dass in der einzigen öffentlichen Urkunde Faleriis (Garr. 559) pretod de = praetor de, also mit Assimilation des auslautenden R steht. Sonst mangeln zuverlässige Beispiele: strato rogato (Garr. 1342 aus Rom),

Bosta (Garr. 598 aus Präneste) und Adiuto (Garr. 2234 von Capena) erwecken kein Vertrauen, von Marma im Arvalliede will ich lieber schweigen; Juneo endlich (Garr. 800) ist Junius und nicht, wie Schuchardt (Vokal. des Vulgärl. II S, 390) meint, Junior.

Wo Etrusker und Falisker beteiligt sind, dürfen auch die Pränestiner nicht fehlen; wenn sie den Diphthong AI zu EI schwächen, so reichen sie den Marsern die Hand. Eine Pränestinische Dame heisst nämlich Ceisia (Garr. 539). Analog nannten die Marser ihre Quästoren queistores (C. I. I 183 = Garr. 840), wenn anders die Lesung richtig ist. Freilich darf ich nicht verhehlen, dass eine etruskische Familie Ceisi, die zu jener Ceisia in irgend einer Beziehung gestanden sein mag, nicht selten (Fabretti, Gloss. Ital. Spalte 816 f.) vorkommt. Bugge (altitalische Studien S. 28) scheint dieses EI blos als orthographische Varietät für langes I anzunehmen, doch dürfte er schwerlich Beweise aus so alten Inschriften beibringen können. Im Gegenteil führen zahlreiche Analogieen in den germanischen Sprachen zur Annahme, dass AI zu EI geschwächt wurde; auf italischem Boden darf man auch das umbrische eikvasese (Bücheler, lexicon Italicum p. IV) und das altitalienische eitade (eitá) = aetas vergleichen.

Auf diesem Wege von Nordwesten nach Südosten haben wir zufällig nur Aehnlichkeiten in der Aussprache zu verzeichnen gehabt; wenn wir uns jetzt von Nordosten nach Südwesten wenden, tritt die Formenlehre in den Vordergrund.

Die Endung der dritten Person Sg. im Perfekt wurde von den Umbrern und Munizipalen Nordlatiums zu E verstümmelt; dede finden wir nämlich für dedet = dedit in Pisaurum (C. I. I 169 = Garr. 850 und 180 = Garr. 861, wie auf einer umbrischen Inschrift von Tuder rere) und zu Tibur (C. I. I 62 = Garr. 549), aber schwerlich auf einem pränestinischen Weihgeschenk C. I. I 1133 = Garr. 585 trotz Ritschls Opusc. IV p. 480. Es ist daher unwahrscheinlich, dass auf dem zwischen Rom und Ostia gefundenen Stein Eph. ep. I p. 7 n. 3 = Garr. 567 probave(t)que geschrieben gewesen sei. T fällt auch im Umbrischen (Aufrecht I, 1, 82) gerne ab; über das faliskische cupa = cubat werden wir unten sprechen.

Bei der Behandlung der einzelnen Mundarten soll der

Anfang mit der nördlichsten, dem Etruskischen Latein
gemacht werden. Wir haben als Quelle dafür zahlreiche Inschriften, von denen Mommsen im Corpus Inscriptionum Lat. I
p. 254 sq. leider nur wenige Proben gibt. Für die Haupt-
masse ist man daher auf Fabrettis corpus inscriptionum
Italicarum mit Supplementen und Garruccis Sylloge, zu der
kürzlich Addenda erschienen sind, angewiesen. Die Etrusker
hielten mit ausserordentlicher Zähigkeit an ihren einheimischen
Namen fest, so dass sie auch die mit den Römern gemeinsamen in der epichorischen Form erhielten, z. B. Cave oder
Caii (etr. Cave, Cae) = Caius; man findet sogar das bekannte Dedikationswort suthina in lateinischer Schrift (Fabretti 2604 e, in der Form sutin ib. g). Ueber die Erhaltung
der etruskischen Namen nach Form und Orthographie und
ihrer Ableitungen gehe ich hinweg und mache nur aufmerksam, dass in Tarquinos (Garr. 1940) und Prosepnais (C. I.
I. 57 c. add. = Garr. 533) eine Vermittlung zwischen den
lateinischen Formen und den etruskischen Tarcnas, resp.
Phersipnai angebahnt ist. Wir haben es hier nur mit der
Aussprache und der Formenlehre zu thun: im Vokalismus zeigen die Etrusker vor Nasalen Neigung zur Verdumpfung;
Artumes steht für Ἄρτεμις auf einem Spiegel (Fabr. 2469),
Cemunia für Geminia (Fabr. 283), unerhört aber ist felua =
filia (ib.). Die merkwürdige Erscheinung, dass ein Vokal
unter dem Einfluss eines benachbarten I sich mit I zu einem
Diphthong vereinigt, finden wir auch schon im etruskischen
Latein: in Perusia liegt Bruitia (Fabretti 1539) aus dem Ge-
schlechte der Bruttii (Fabr. 1538 Brutis) und in Chiusi
Veisinnius C. I. I 1366 = Garr. 1992 begraben; ebenso
entspricht Voesia (Fabr. 1018 bis f) einem älteren Voisia,
das etruskisch Vuisi lautet, während die gemeinsame Grundform Vusia war. Die einheimischen Beispiele stellt Deecke
(II² S. 364 f.), ohne den Nachbarvokal zu berücksichtigen,
zusammen. Noch bedeutenderen Veränderungen unterlag der
Konsonantismus; denn I wirkte nicht blos auf die Vokale,
sondern ebensosehr auf die vorhergehenden Konsonanten.
Ausser T, von dem schon die Rede war, ergriff die Assibilation auch C, wenn anders Grotefend bei Raoul-Rochette,
Journal des savants 1834 p. 290 Apecsi auf einer Gemme
(Fabr. 2578 bis) richtig als Apicius erklärt. Man sollte es

aber kaum glauben, dass die Mouillierung von L vor I keineswegs in der späten Kaiserzeit, sondern schon unter der
Republik bei Etruskern eintrat. Tahnia Anainia aus Clusium
nennt sich C. I. I 1347 = Garr. 1954 (Montepulciano) Comlniai
fia d. h. filia; vielleicht sprach man Fija, wie es noch heutzutage das gemeine Volk Toskanas fast allgemein thut, immerhin lässt sich denken, dass die Etrusker auch dieses I aus-
stiessen, wofür man Cnaus (Fabretti suppl. I p. 125) = Cnaius
(lat. Gnaeus) = Cnaivos vergleiche [10]). Konsonantenausfall
ist überhaupt nicht so selten; wahrscheinlich gehört auch der
Verlust von c vor t (oder richtiger gesagt, die Assimilation
dieser beiden Laute) dem etruskischen Dialekte an [11]), falls
nämlich der Spiegel, dessen Inschriften C. I. I 58 = Garr. 534
veröffentlicht sind und Vitoria = Victoria bieten, aus Etrurien
stammt. Dies behauptet nicht nur Fabretti (C. I. It. 2495
bis) bestimmt, es spricht auch dafür das epichorische Analogon Utave = Octavius, zu dem das ebenfalls etruskische
Uhtave und das oskische Uhtavis eine Vorstufe bilden. Man
betrachtet zwar Vitoria gewöhnlich als Schreibfehler (z. B.
Jordan, krit. Beitr. S. 7), vermag aber keinen Fall, wo die
Spiegel- und Cistenschreiber einen Buchstaben ausgelassen
haben, nachzuweisen. Bei Cudido ist nur der Halbkreis zu
weit herabgezogen und Diama (Eph. 21 = Garr. 528) steht
nicht fest, wogegen die übrigen Namen noch keine genügende
Erklärung gefunden haben; bei mehreren z. B. bei Jovos lässt
sich auch an Pränestinische Idiotismen denken. Ebensowenig
kann Mommsens Ableitung von vitulari befriedigen; Corssen
(krit. Beitr. S. 9 und krit. Nachtr. S. 45) weist diese Annahme mit Recht zurück und erinnert daran, dass noch in der
Zeit der Republik, wenn gleich viel später, dieselbe Erscheinung in Vitorius C. I. I 1160 = Garr. 1509 auf einer Inschrift von Anagnia vorkommt. Auch das Nachbarland Umbrien hat sich auf dieselbe Weise der harten Lautverbindung

---

10) Jetzt sprechen die Piemontesen, Genuesen und Bergamasken
fia —. Für die Auswerfung von I darf man auch histro = histrjo
= histrio bei Gamurrini, suppl. 401 (Chiusi) und das mehrmalige
Thanna u. ä. heranziehen.

11) Das Altlateinische wirft es nur zwischen N und T der leich-
teren Aussprache wegen aus, vgl. Corssen I[2] S. 36.

CT entledigt (Aufrecht I S. 78). Das gleiche Widerstreben
empfanden die Etrusker gegen PT, wesbalb sie P auswarfen
und zunächst durch Aspiration ersetzten: so hiess der Meeres-
gott Nethunus Fabr. 2140 (rein etruskisch Netbuns z. B. Fabr.
2097). In Setumnal (Fabr. 819), von Septumius abgeleitet,
fehlt sogar die Aspiration. Aus Südetrurien oder Präneste
stammt wohl auch die hochaltertümliche Silbertasse des Tu-
riner Museums (Fabretti suppl. I 15 a), welche die Inschrift
Setimi = Septimi trägt Sonst gibt sich vielleicht eine Neigung
zu energischer Aussprache kund; zwar mögen Schreibungen,
wie Cven. (Fabr. 938) für Quintus, nur orthographisch sein,
da die etruskische Schrift Q nicht kennt, aber Aullo Fabr. 954
repräsentiert gewiss die etruskische Aussprache von Aulo, die
in der republikanischen Zeit kaum ihres Gleichen gefunden
hat; das gleiche gilt von Luccilia bei Fabretti suppl. I 251
ter m. In einer Scipioneninschrift C. I. I 39 = Garr. 887
ergänzt man dagegen AVLLA zu Paulla. Anhangsweise füge
ich noch bei, dass die Etrusker ihre Haruspices entweder
harispex (C. I. I 1351 = Garr. 1971 von Montepulciano und
Fabretti suppl. III 384 von Corneto) oder arrespex (C. I. I
1348 = Garr. 1956 von Chiusi) nannten. Erstere Form ist
in jener Zeit auch durch eine faliskische Inschrift C. I. I 1312
= Garr. 807 belegt [12]). Als Ergänzung dieses ganzen Abschnittes möge Deeckes erschöpfende Lautlehre des Etruskischen (Etrusker II² S. 330 – 437), in der auch die Schicksale
der italischen Fremdwörter behandelt werden, dienen; ich
habe nur die Durchforschung der lateinischen Inschriften ins
Auge gefasst. Stier (Ztsch. f. Altert. 1851 Sp. 471) möchte
überdies die aspirierte Aussprache von C, die gorgia, die besonders die Florentiner charakterisiert und ihnen die Spott-
namen Hoboi und Hahafagiuoli eingebracht hat, auf die
Etrusker zurückführen; da jedoch im etruskischen Latein
keine Spur davon vorkommt und gerade Florenz nicht auf
eine Gründung der Etrusker zurückgeht, kann ich seine Behauptung nicht für wahr erachten.

Was die Deklination betrifft, so tragen noch viele Namen
die einheimische Endung e z. B. Hatile C. I. I 1546 = Garr.
1903. Hieber mag man auch Annae = Annaeus (Fabr. 318)

---

12) In der Kaiserzeit kommen beide Formen nicht selten vor.

rechnen; aber einerseits ist der Verdacht der Unechtheit nicht unberechtigt, andererseits kann Annae aus einem etruskisierenden Nominativ Annaee nach Analogie des einheimischen Pupae (Fabr. 440 quat.) kontrahiert sein. Die Genitive Aules Garr. 2026 und Vilos Fabr. 960 (etruskisch Velus) sind rein etruskisch; letztere Form erweckt dadurch besonders Interesse, dass sie uns einen Fingerzeig gibt, wie die Etrusker das Schriftzeichen V in solchen Genitiven ausgesprochen haben. Der Genitiv Prosepnais auf einem Spiegel von Orbetello C. I. 1 57 c. add. = Garr. 533 bildet für die Freunde des Alt- lateinischen eine crux, die man auf die verschiedenste Weise zu lösen versuchte: Mommsen (im Kommentar C. I. I p. 554) und Corssen (Vokalismus I² S. 686) halten die Form für identisch mit den gräcisierenden Genitiven auf — aes, eine Annahme, die jedenfalls unstatthaft ist, da solche Genitive weder vor dem hannibalischen Kriege irgendwo vorkommen noch überhaupt in Italien vor der Kaiserzeit ausser in Rom und Kampanien Eingang gefunden haben. Neue (Formenlehre I² S. 14) urteilt dagegen, Prosepnais könne „schwerlich für eine lateinische Form gelten“. Bücheler sieht endlich (latei- nische Deklination ² S. 64) eine sehr alte Bildung darin und mit Recht, wobei ich nur dagegen Verwahrung einlegen will, dass man darnach den Spiegel für sehr alt halten möchte; erscheint doch in jenem Worte beide Male bereits das geschlossene P. Die Etrusker scheinen also die alte Form noch lange bewahrt zu haben. Früher habe ich wie andere, gezweifelt, ob der letzte Buchstabe wirklich S sei, besonders weil ein rückläufiges S wenigstens auf derartigen Denkmälern nicht vorkommt, doch ist es für Etrurien durch eine Grabschrift bei Fabr. 953 belegt.

Um auch die Syntax, welche im ersten Teile naturgemäss keine Stelle hat, doch nicht ganz leer ausgehen zu lassen, möchte ich darauf hinweisen, dass, während die sicher prä- nestinischen Cisten und Spiegel die Aufschriften stets im No- minativ haben, der Wechsel der Casus nur auf einem sicher etruskischen Spiegel von Orbetello (C. I. I 57 = Garr. 533) und zweien von unbekannter Herkunft (C. I. I 56 = Garr. 532 und 59 = Garr. 536) vorkommt. Bei ersterem spricht die Form Hercele und die den Spiegeln sonst fremde rechtläufige Schrift für den etruskischen Ursprung, den auch Fabretti

(N. 2483) annimmt, wie er (N. 2491) dasselbe bei dem anderen bezeugt. Den Etruskern mag in jener alten Zeit die lateinische Deklination noch nicht geläufig gewesen sein. Vielleicht dürfen wir ihnen sogar die Verwechslung von Singular und Plural zutrauen, doch ist es auch möglich, dass in der Inschrift von Volaterrä bei Fabr. 312: Caecina Q. f. Caspo vix. anno XX . . ., hinter O S ausgefallen sei; aber das letztere wäre bei dem Akkusativ des Plurals, den man ja dann nicht mehr von dem Singular unterscheiden könnte, in republikanischer Zeit ebenso unerhört.

Auf die Mundart einer latinischen Gemeinde unter etruskischer Botmässigkeit, der Stadt Falerii waren die Gelehrten schon früh durch eine Stelle des Strabo, welcher (V p. 226) sie πόλιν ἰδιόγλωσσον nennt, aufmerksam geworden, man wusste aber so gut wie nichts von ihr zu sagen, bis Raph. Garrucci zahlreiche Inschriften in eigentümlicher Schrift und Mundart entdeckte. Obwohl er selbst (Ann. d. I. 1860 p. 211—81), Th. Mommsen (Monatsber. der Berliner Ak. 1860 S. 451—6) und D. Detlefsen (Bull. d. I. 1861 S. 198 ff.) [13] die Sprache untersucht haben, so scheint mir doch eine neue Betrachtung derselben nicht überflüssig. Manches wurde bereits im Vorhergehenden berührt; ausserdem ergibt sich zunächst eine starke Einwirkung des Etruskischen auf das Faliskische, was sich leicht begreifen lässt, da die Etrusker Falerii beherrschten und einen wenn auch nicht sehr grossen Teil seiner Bewohner ausmachten, wie aus zwei dort gefundenen etruskischen Grabinschriften (Garr. 790, 791) [14]) und Familiennamen wie Thania (795) und Plenes 806 = Pleina 796 erhellt. Die Falisker gebrauchten auch, wie die Tusker, die ursprüngliche Form des Vornamens Caius, also Cavi 809. Dressel 2 a, im Femininum Cavia 795, 803 bis. Dressel 2

---

13) Vgl. auch Huschke, Jahrbb. Suppl. V S. 821—47.

14) Ich citiere die faliskischen Inschriften nach der neuesten Sammlung in Garruccis Sylloge n. 557—9. 790—810, wozu im vorigen Jahre Dressel (Bull. d. I. 1881 p. 156 ff.) Nachträge gegeben hat. — Dass jene beiden Inschriften den Etruskern angehören, bewies Mommsen (a. a. O. S. 451), weshalb Corssen (Sprache der Etr. I 344) sie nicht zum Beweis dafür heranziehen durfte, dass etrusk. cela dem lat. cella entspräche.

In ihrer Schrift fällt besonders der Mangel der Mediä G und B
auf, wovon jener aus dem Altlateinischen wohl bekannt und
gewiss nur auf einen Mangel der Schrift zurückzuführen ist,
obschon Corssen (Sprache der Etr. II S. 13) annimmt, die
Falisker hätten wirklich so gesprochen. In entsprechender
Weise ersetzen die Inschriften in faliskischen Buchstaben auch
B regelmässig durch P, so dass wir lesen Vipia 802, Tipe-
rilia 798, cupat 800. 801. 803b (in lateinischer Schrift cubat
806), cupa 802, weniger auffällig Pop(lilia) 804. Detlefsen
meinte allerdings, von den beiden Formen des Buchstabens
entspreche die nach rechts gewandte P, die nach links B,
Garrucci wies dagegen richtig auf die Anwendung des zweiten
Zeichens in Pleina 796 (in lateinischer Schrift Plenes 806)
und Clipiai 805 hin. Erinnern wir uns nur, dass den Etruskern wenigstens in der Schrift die Mediä überhaupt fehlten!
Nehmen wir dazu, dass in den lateinischen Denkmälern Faleriis B und P streng geschieden werden und dass die Nachbarn der Stadt wenigstens in ihrem Latein sich nie eine Ver-
härtung von B in P zu Schulden kommen liessen, so werden
wir den Mangel von B nur der Schrift beilegen dürfen. Ad-
vocapit des Arvalliedes, propom oder prpom auf Münzen von
Benevent C. I. I 19 = Garr. 64 und aidilepus auf einem Stein
von Capena Garr. 567 sind zu unsicher als dass sie für die
harte Aussprache von B zeugen könnten. Dagegen sprachen
die Falisker, wie ihre Herren (Deecke II² S. 431 ff.), anlau-
tendes S weich [15]) und bezeichneten dies durch Z: zenatuo
559. Zertenea 802 (vgl. Etr. Zertnai). Zextoi (Dressel
Nr. 1) neben Sacru und Sententiad in der Magistratsinschrift
559 [16]); die Inschriften im lateinischen Alphabet haben Z
ganz aufgegeben. Auch auf die Deklination hatten die Etrusker
insofern einen Einfluss gewonnen, als das Suffix -ius nicht nur,

---

15) Jordan (krit. Beiträge S. 152) sieht darin einen harten Zisch-
laut, ohne diese Ansicht durch Beweise zu stützen, vgl. Corssen, Vokalismus I² 811.

16) Sus Nr. 799 kann nur das Fragment eines weiblichen Bei-
namens sein, mag auch der μισογύναιος Garrucci die Möglichkeit
jenes Beiwortes gelehrt nachweisen. Das einzige Beispiel der Aussprache im Inlaute ist Folcozeo (Dressel Nr. 1) wozu vielleicht Folcuzeo in Nr. 4 kommt.

wie im Lateinischen, zu -is (Purtis 793), sondern auch zu -es
(etr. e) zusammengezogen wurde (Petrunes 804)[17]).
Auch sonst fehlt es nicht an Eigentümlichkeiten, die rein
lokal gewesen zu sein scheinen: Der Mittelvokal zwischen U
und I wird o in Maxomo 800[18]) und der altitalische Diphthong
oi geht durch Kontraktion in o d. h. ω über; loferta = li-
berta 802 stammt nämlich entweder, wie aus dem Altlateinischen loebesum (Paul. D. p. 121 M) und dem Sabinischen Loe-
baśius (= Liber Serv. V. G. 1, 7) erhellt, von der uritalischen
Form loiber analog dem umbrischen Ponisiater = Poinicus
oder es ist aus dem oskischen lovfr- entstanden. In demselben Worte übersehe man auch die Erhaltung des italischen
F nicht, das im Lateinischen zu B geschwächt wurde, während
auch das Oskische F bewahrte[19]). Andererseits hat die faliskische Mundart dadurch ein jüngeres Aussehen, dass das
Nominativzeichen S in der zweiten Deklination nicht etwa
blos in seiner Stellung erschüttert wurde, sondern gänzlich
zu Grunde ging; nicht einmal die lateinischen Inschriften
zeigen hier S. So haben wir denn siebzehn Nominative auf
O, denen wir die unsichere Form Ticonu 792 und den Nominativ Posticnu in lateinischen Buchstaben 809 anreihen können.
Auch M ist in sacru und datu 559 abgefallen; in derselben
Inschrift kommen zwar die Formen votum und cuncaptum
vor, aber nur am Ende der Zeile, wobei M gleichsam als
ν ἐφελκυστικόν steht. Da überdies die Inschrift eine offizielle
ist, so mag die Annahme einer historischen Orthographie, die
für die Aussprache nichts beweist, ihre Berechtigung haben.
Von den jüngeren Inschriften N. 557 und 558 sehe ich ganz
ab. Ein ähnliches Streben nach Abwerfung der Endkonso-
nanten zeigt sich in cupa = cubat 802 (neben cupat, ebenfalls in epichorischer Schrift 800. 801. 803b). Sonst war
T damals nur in der dritten Person Sg. Perf. und nach N

17) Etruskisch-lateinische Parallelen sind Vettes Fabretti suppl. I
369 und Smintes Bull. d. I. 1873 p. 125 = Fabr. suppl. II 134.
18) Garrucci will im Register auch Man . . mo Nr. 796 zu Man-
xomo ergänzen. Es ist wohl zufällig, dass im Messapischen derselbe
Lautwandel (z. B. dazomas neben dazimas) sich zeigt. vgl. Deecke,
Rh. M. 36, 576.
19) Corssen, krit. Beitr. S. 200. krit. Nachtr. S. 203. Vokalismus
I² 151. 171. 367. 672.

— 20 —

bedroht. Andererseits finden wir in Falerii den höchst alter-
tümlichen Genitiv Zextoi (Dressel Nr. 1).
    Was mit dem Pronominaladverb biu 803 b = heic (falisk.
hei, he) anzufangen sei, weiss niemand; Fabretti (Gloss. Ital.
Sp. 599 vgl. Orioli, Bull. d. I. 1854 p. 21) zweifelt an der
Richtigkeit der Lesung. Vielleicht wollte der Steinmetz II H
oder III H schreiben. Huschke (Jahrbb. Suppl. V 837) schlug
dagegen he ccubat = cuncubat vor, ohne Beispiele für eine
solche Abkürzung beizubringen. Den Schluss sollen die Glossen des Festus struppearia p. 313 (Kranzfest) und decimatrus
p. 257 (der zehnte Tag nach den Iden) machen; über letztere
Bildung möge der Leser Corssens kritische Beitr. S. 164 einsehen.
    An das Faliskische schliessen wir einen anderen Dialekt,
der ebenfalls unter dem Einflusse des Etruskischen steht, an
— das Pränestinische. Wir fragen uns bei dem Mangel
historischer Ueberlieferungen verwundert, wie ein solcher Einfluss bei der ziemlich weiten Entfernung der Stadt von der
etruskischen Grenze möglich war, aber die erhaltenen Kunst-
denkmäler nötigen uns, einen ausserordentlich lebhaften Verkehr mit Etrurien anzunehmen, wenn sich auch nicht direkt
nachweisen lässt, dass Etrusker in Präneste gewohnt haben;
der Ansicht, diese Aehnlichkeiten gingen auf eine gemeinsame Quelle oder auf die Aehnlichkeit ihrer Anlagen zurück,
treten einige Geräte in etruskischer Schrift und Sprache entgegen, z. B. eine Ciste (Garr. 521), ein Mon. d. I. VIII 56, 3
publizierter Spiegel und ein anderer, dessen Aufschriften Corssen (Sprache der Etr. I 371) bekannt gemacht hat. Schon
dadurch wird es wahrscheinlich, dass wenigstens die Legenden der Spiegel und Cisten in irgend einer Weise Anklänge
an die Sprache der Vorbilder zeigen. Freilich polemisieren
Bergk (Ind. lectt. v. Halle 1865 S. 7 ff.) und Jordan (krit.
Beitr. zur Gesch. der lat. Sprache S. 1—88) gegen diese Annahme ausführlich, wobei sie unstreitig eine extreme Durchführung des Princips geschickt zurückgewiesen haben; andererseits wäre es aber einseitig, den Pränestinern völlige
Unabhängigkeit von den Etruskern zuschreiben zu wollen.
So erinnert uns Acmemeno Eph. I 18 = Garr. 525 an Ach-
memrun; auch Alixentr C. I. I 1501 = Garr. 524 und Ali-
xentros Garr. 535, Casenter C. I. I 1501 = Garr. 524 und

Creisita Eph. II 168a = Garr. 526 verraten durch den harten Dental ihre Herkunft, das erste um so mehr als Alixentrom auf einem wahrscheinlich etruskischen Spiegel C. I. I 59 = Garr. 566 erscheint. Doch dies wären Quisquilien, die nur mit den Spiegeln Eingang gefunden haben, es lässt sich aber bestimmt nachweisen, dass auch sonst der pränestinische Dialekt viele Berührungspunkte mit dem Etruskischen hatte, wobei, da von Gleichheit der Abstammung nicht die Rede sein kann und die pränestinische Kultur als ein Ableger der etruskischen erscheint, gewiss das letztere der gebende, jener der nehmende Teil war. Die bereits besprochene Assibilation von C vor i oder u können wir für Präneste durch Losna C. I. I 55 c. add. = Garr. 529 belegen; Losna und Luna gehen auf die gemeinsame Grundform * Louc-ı-na zurück. Diese ältere Form scheint durch das Medium einer lateinischen Mundart sich noch in dem von Fabretti citierten Piemontesischen Worte losna und dem Romagnolischen lusna, die beide „Blitz" bedeuten, erhalten zu haben. Ohne Zweifel ist auch Cinsi Eph. ep. I n. 111 = Garr. 762 mit Cinci identisch. Genau wie im etruskischen Latein wirkte I nicht minder auf die benachbarten Vokale ein; Painiscos = Paniscos Eph. I 24 = Garr. 538 scheint gesichert, während Eph. I 21 = Garr. 528 nach Michaelis (Ann. d. I. 1873 p. 236) und Jordan (krit. Beitr. S. 4 f.) nicht Diaina, sondern Diama stehen soll. Aus der Abbildung in der Ephemeris geht jedoch wohl unzweifelhaft hervor, dass M hier keine Stelle hat; in dem Alphabete des Schreibers dürfte die linke Hälfte des Buchstabens nicht so klein sein und er hätte den dritten Strich nach links etwas ausbiegen müssen, wenn er M schreiben wollte. Aber bestünde auch vom paläographischen Standpunkte aus freie Wahl, so würde ich doch Diaina vorziehen, um nicht einer Theorie zu liebe, die Hypothesen stützen soll, den Schreibern kindische Fehler aufzubürden; möge man lieber mit Brunn die seltsame Orthographie vieler griechischer Vaseninschriften, wo es mehr und gröbere Fehler zu bemäkeln gibt, ins Auge fassen!

Aber die pränestinische Orthographie können wir doch nicht ganz übergehen, weil sie zu Missverständnissen Anlass gegeben hat. Die pränestinischen Steinmetzen lassen nämlich, wie ihre etruskischen Kollegen, gerne Vokale weg; be-

vor wir nun auf die interessante Frage eingehen, ob sich
diese Synkope auf die Schrift beschränkt habe, wollen wir
zuerst alle derartigen Fälle zusammenstellen. E bleibt weg
in pat(e)r C. I. I 130 = Garr. 716; D(e)cumius C. I. I
1183 = Garr. 585; Diesp(i)t(e)r C. I. I 1500 = Garr. 523;
Vol(e)ntili Eph. I 126 = Garr. 785; G(e)minia Eph. ep. I
72 = Garr. 674; Pesc(e)nc. C. I. I 137 = Garr. 730; H(e)ri
C. I. I 160 = Garr. 672; T(e)rtia Eph. I 108 = Garr. 756;
P(e)tronio Eph. I 92 = Garr. 729, vielleicht auch Aptronio
C. I. I 81 = Garr. 602 und Aptronia C. I. I 82 = Garr.
601. I fehlt in At(i)lia Eph. I 33 = Garr. 606; Cem(i)na
C. I. I 99 = Garr. 640; Crais(i)li Eph. I 53 = Garr. 647;
Diesp(i)t(e)r C. I. I 1500 = Garr. 523; Mat(i)lia Eph. I
80 = Garr. 696; [N]um(i)toriai C. I. I 122 = Garr. 702;.
Pol(i)dia Eph. I 95 = Garr. 735. Zu einer dieser beiden
Kategorien gehört auch Orcvios C. I. I 133 = Garr. 723 und
Orcvius Eph. I 89 = Garr. 724, womit man Orcevius Eph. I
p. 5 = Garr. 2230; C. I. I 134—6 = Garr. 720—2; Garr.
1491 und Orcivius Eph. I 34 = Garr. 610 vergleiche. Ein
Beispiel für die Auslassung der schweren Vokale U oder O
ist vorläufig nicht bekannt und auch nur auf dem Umwege
der Abschwächung zu I oder E zu erwarten; Mommsen (C.
I. I 160) und Ritschl (Opusc. IV 484) lasen früher auf einem
Grabstein Th(o)ri, wofür aber Garrucci (Nr. 672) und Trende-
lenburg (Eph. ep. I. 69) H(e)ri als richtig nachgewiesen haben. Für A scheint ein sicheres Beispiel in M(a)golnia C.
I. I 118 = Garr. 689 vorhanden zu sein. Die Ausstossung
von kurzem I können wir in den meisten Fällen für den
pränestinischen Dialekt ohne Bedenken zugeben; sie nahm,
wie wir daraus schliessen dürfen, dort grössere Dimensionen
als in den übrigen lateinischen Mundarten an. Bei E muss
ich aber eine solche Zumutung zurückweisen; wir befinden
uns nicht bei den interessanten Völkerschaften Osteuropas,
sondern in einer Stadt Italiens, dessen Sprache durch ihren
Wohlklang auch ein verwöhntes Ohr angenehm berührt. Aber
könnte nicht Präneste eine solche sprachliche Enklave gewesen
sein, wie jetzt Bologna mit seiner widerwärtigen Mundart? Gewiss, wenn nur nicht die Auslassung von E und zwar sogar von
langem E auch in Rom vorgekommen wäre; auf den Gefässen
von S. Cesario steht Calp(e)tana C. I. I 848 = Garr., ja

sogar Nov(e)bri C. I. I 855 = Garr. 1187 1181[20]) und auf einem der jüngst gefundenen csquilinischen Töpfe Lor(e)nti Bull. d. I. 1880 p. 137 = Ann. d. I. 1880 p. 265 f. N. 6; ganz ähnlich ist Alb(e)si auf einer Bronzeplatte von Alba Fucense[21]) (Eph. ep. II 296 = Garr. 2298 mit Add. p. 23 vgl. Tab(e)si in einer Verwünschungsinschrift von Kapua Bull. d. I. 1866 p. 252) und lib(e)s C. I. I 182 = Garr. 838 oder lub(e)s C. I. I 183 = Garr. 840 bei den Marsern[22]). Aus den lateinischen Denkmälern Etruriens will ich nur das lateinische Wort deb(e)tur C. I. I 1393 = Garr. 2058 anführen. Wenn wir diese harten Konsonantenverbindungen und diese angeblichen Ausstossungen langer Vokale, wie sie sich nicht einmal das Spätlatein erlaubte, betrachten, so müssen wir doch zweifeln, ob diese Formen je gelebt haben. Man spricht freilich hier und bei etruskischen Wortungetümen vom semitischen Schwa, vergisst aber, dass zwei Schwa in Nachbarsilben nicht stehen können; Diesp(i)t(e)r ist also unmöglich. Letzteres gilt noch mehr von dem Etruskischen, wodurch die Ansicht von Lorenz (Kuhns Beiträge z. vergl. Spr. IV S. 16), Steub (Allg. Ztg. 1876 Beil. Nr. 55 S. 839) und Mor. Schmidt (Jahrbb. 1874 S. 813), diese Sprache sei ebenso vokalreich als irgend eine italische gewesen, sehr an Wahrscheinlichkeit gewinnt[23]). Für das Pränestinische können wir uns auf das identische Votum Ritschls (Rh. M. N. F. 1861 S. 601 ff. = Opusc. IV p. 481) berufen; jeden Zweifel löst aber eine, wie es scheint, von Allen übersehene Stelle des Terentius Scaurus (p. 14, 15 ff.): Hac (K) tamen antiqui in connexione syllabarum ibi tantum utebantur, ubi A littera subiungenda erat, quoniam multis vocalibus instantibus, quotiens verbum scribendum erat, in quo retinere hae litterae nomen suum possent, singulae pro syllaba scribebantur, tamquam

20) Decub. C. I. I 974 = Garr. 1316 und Novm. C. I. I 911 = Garr. 1249; 962 = Garr. 1300 gehören als Abkürzungen nicht hieher.

21) Nach der Eph. ep. l. c. ist der Fundort nicht näher bekannt.

22) Bücheler-Wiudekilde, lat. Dekl.[2] S. 12 sehen diese Formen für wirklich an.

23) Den Verehrern der entgegengesetzten Ansicht empfehle ich das rätselhafte Wort Kvrromsio in einer euganeischen Inschrift (Fabretti C. I. Ital. 27) zur Zungenübung.

satis eam ipso nomine explerent, ut puta 'Decimus' D per se
deinde cimus, item 'cera' C simplex et ra et 'bene' B et ne.
Ita et quotiens kanus et karus scriptum erat, quia singulis
litteris primae syllabae notabantur, K prima ponebatur, quae
suo nomine A continebat, quia, si C posuissent, cenus et cerus
futurum erat, non kanus et karus. Diese Worte bilden den
besten Kommentar zu Albsi und ähnlichen Formen[24]). Es
lässt sich daher schwer begreifen, wie Jordan (kritische Beiträge S. 12) auf die alte Ansicht ohne neue Gründe zurückgehen und gar das bekannte conia (= ciconia, Plaut. Truc.
669 vgl. Probus p. 263) vergleichen konnte. Selbst wenn
alle jene Vokalausstossungen der lebendigen Sprache ange-
hört hätten, so wäre letzterer Fall doch wesentlich davon verschieden, weil der Vokal hier zwischen zwei gleichen Konsonanten ausgefallen wäre. Ebensowenig ist es auf der anderen Seite glaublich, dass die Pränestiner die Wurzel KAN
nicht redupliciert hätten (Corssen, Aussprache I[2] S. 815 II
S. 284), da doch das Lateinische, Griechische (κύκνος) und
Sanskrit (çacuni) die Reduplikation anwenden. Sie warfen
vielmehr die Reduplikationssilbe ab, wie es die Lateiner oft
im Perfekt und später die Romanen auch sonst manchmal
thaten (Diez Wb. I[3] S. XXIII; Brugman in Curtius' Studien
7, 192). Für Garrucci (zu syll. 534) ist dies freilich eine
erwünschte Gelegenheit, um nach dem berühmten Recepte
ἀλώπηξ — Fuchs die räthselhafte Spiegelinschrift Rit als
Paris und Metio als Prometheus zu deuten; man kann sich
jedoch nur wundern, dass ein deutscher Gelehrter (Hermes
1881 S. 251 A. 1) das dunkle Wort ret durch die Zwischen-
stufen det und d'det auf dedet zurückzuführen wagte. Immerhin ist nicht zu leugnen, dass die Pränestiner um die Erhaltung von Lauten wenig besorgt waren; so warfen sie bekanntlich S in der Endung des Komparativs ab[25]). Den Mangel
eines eigentlichen Komparativs ersetzen die weiblichen Namen Maio (altital. maggio) = *maios = *maions C. I. I
108 = Garr. 663; 136 = 722; ? 159 c. add. = 670; Eph. I?

---

24) Ein Ueberrest dieser Schreibweise findet sich in den tironi-
schen Noten, welche A nach K regelmässig auslassen.
25) Mommsen, röm. Geschichte I[4] 476; Corssen, Aussprache I[2]
S. 245. 290. II S. 88. krit Beitr. S. 399.

36 = 596; 121 = 776; 127 = 786, vgl. Eph. I 73 und Mino = *minos = *minons C. I. I 78 = Garr. 597; 97 cum add. = 634; 161; Eph. I 54 = Garr. 648; 80 = 696; Gamurrini app. 927 = Garr. 2407; vgl. Min. C. I. I 153 = Garr. 777. Sonst bleibt nur wenig charakteristisches übrig: I wird unter dem Einflusse des vorhergehenden Vokals und Konsonanten in Jovos Eph. I 21 = Garr. 528 zu O verdunkelt; denn eine Verschreibung lässt sich nicht nachweisen. Ueberdies will Schuchardt (Vokalismus I S. 89) in den pränestinischen Fasten eine besondere Neigung zum Jotacismus gefunden haben, ohne dass ich wenigstens etwas davon verspürt hätte. Für den Konsonantismus sei nur noch eine Notiz des Varro (l. l. 6, 4) angeführt, er habe auf einer Sonnenuhr zu Präneste medidies = meridies gelesen. Die Pränestiner scheuten also die Aufeinanderfolge zweier gleicher Silben nicht so wie die Römer, welche zur Dissimilation D in R verwandelten. Auch im Oskischen findet sich dieser Uebergang nicht (Mommsen, unteritalische Dialekte S. 224).

Was endlich die Idiotismen des Städtchens anlangt, so müssen wir uns mit dem Plautinischen Scherze tammodo = modo Trin. 609 (vgl. Fest. p. 359) und den Glossen des Festus nefrundines = nefrones p. 162 und tongitio = scientia, notitia p. 356 begnügen[26]). Dem letzteren Worte stelle man das Ennianische tongere = nosse (vgl. A. Fleckeisen, zur Kritik der altlat. Dichterfragmente S. 41 f.) und das Oskische tanginod = scientia an die Seite[27]).

Wenn die Dichtungen des Lucilius nicht unwiederbringlich verloren wären, würden wir gewiss durch seine Satiren, in denen er den pränestinischen Dichter Vectius nach Quintil. 1, 5, 56 wegen seiner Sprachfehler verhöhnte, über die Mundart besser unterrichtet sein. Die Pränestiner scheinen besonders durch ihr aufgeblasenes Wesen (Plaut. Bacch. 24) den Spott der Römer auf ihre Eigenthümlichkeiten gelenkt zu haben. Es blieben uns aber genug Reste ihres Lateins erhalten, um fragen zu dürfen, ob Präneste wirklich das Lob des „namhaften Ursitzes und reichen Fundortes ächten alten Lateins" (Ritschl, Rh. M. 16, 606) verdiene. Das Pränestinische be-

---

26) Corssen, Vokalismus I² S. 478.
27) Bücheler, lexicon Italicum 1881 p. XXVII.

rührt sich vielmehr mit dem etruskischen Latein; inwiefern
es „sabinert", wie Jordan (Hermes 16, 251) behauptet, weiss
ich nicht anzugeben.

Nach Behandlung dieser drei etruskisierenden Dialekte
wollen wir die Mundart Tuskulums, einer Nachbarstadt
Pränestes, die wir bereits zweimal gestreift haben, in Kürze
darstellen: Die Tuskulaner nannten den Mars Maurs (C. I.
I 63 = Garr. 570), was aus Mavors durch Liquescierung von
V entstand[28]). Interessanter sind die völlig italicnischen Nominative militare = militaris C. I. I 63 = Garr. 570 und
[milita]re ib. 64 = 571. Dazu tritt noch eine Glosse des
Festus (p. 313) struppus „Kranz"[29]) und die Nachricht, dass
sie gleich den Faliskern triatrus, sexatrus und septimatrus
(Varro l. l. 6, 14; Festus p. 257) bildeten. Mommsen (unterit. Dial. S. 364 A. 9) und K. O. Müller (Etrusker II[2]
S. 47 f. A. 29a) zogen daraus den kühnen Schluss, die Tuskulaner hätten Faliskisch gesprochen. Wir haben jedoch hier
und in der Bedeutungsverwandtschaft von struppus mit dem
faliskischen struppearia nur ein Zeugnis, dass auch das Tuskulanische zu den nordlateinischen Mundarten gehörte. Die
historische Erinnerung, die in dem Namen der Stadt liegt
(Niebuhr, röm. Gesch. I S. 182), würde namentlich dann eine
glänzende Bestätigung finden, wenn Müller und Deecke (a. O.)
jene Bildungen auf -trus mit Recht als altetruskisch betrachteten.

Bei den Umbrern lassen uns sogar die dürftigen Gram-
matikernotizen im Stich, wofür aber die interessanten Inschriften des Pisaurischen Haines und das vor einigen Jahren ge-
fundene Gesetz von Spoleto, zuerst von Bormann in den Miscellanea Capitolina, Rom 1879 veröffentlicht (dann bei Bruns,
fontes iuris Romani antiqui p.⁴ 44sq. und Garrucci, addenda
2381 wieder abgedruckt) entschädigen. Ausser mehreren
überhaupt nordlateinischen Abweichungen unterscheidet sich
das umbrische Latein von dem römischen speziell durch folgende Punkte: V kann, ohne dass O oder U vorangeht oder
folgt, ausgestossen werden, wodurch im Spoletinischen Gesetze deivina zu deina und divinai zu dinai wird. Noch weniger schonen die Umbrer die Suffixe; sie werfen daher das

---

28) Vergl. Brambach, N. L. O. S. 90 A.; anders Corssen, Au-
sprache I² 410. II 165. 226.

29) Vgl. Plin. n. h. 21, 3.

— 27 —

Pluralzeichen S in der ersten und dritten Deklination ab, so
dass auf den Steinen von Pisaurum matrona C. I. I 173 =
Garr. 854 und 177 = 858, wie Pisaurese = Pisaurenses C.
I. I 177 = Garr. 854, steht[30]). Dagegen fällt der Bindevokal des Infinitivs in cedre = caedere des Gesetzes aus,
wozu erst spät ein Analogon in dem pompejanischen suspendre
auftaucht (C. I. IV 1864). Zu diesen unzweifelhaften Idiotismen tritt noch die rätselhafte Form deda C. I. I 177 =
Garr. 858, das Mommsen (unterit. Dial. S. 237) mit dederunt
erklärt und dem oskischen fufans an die Seite stellt. Eine
ähnliche Form dürfte wohl auch in der ursprünglichen Sprache
von Pisaurum gebräuchlich gewesen sein.

Angeblich gehören auch ein Paar lateinisch geschriebene
Grabsteine, die in Tuder ans Tageslicht gekommen sein sollen und von Aufrecht und Kirchhoff (umbr. Sprachdenkm. II
S. 396 ff.) veröffentlicht wurden, zu den Quellen des umbrischen Latein. Es interessiert uns daran der Nominativ Publece = Publicus und die Abkürzung fel. = filius, welcher
die umbrische Form feliu-f entspricht. Der Nominativ Publece
weist jedoch diese Steine den Etruskern oder höchstens den
Kolonisten dieses Stammes in Tuder zu.

Von der Inschrift, welche Mommsen (unterit. Dial.
S. 364 f. und zu C. I. I 194) für umbrolateinisch hält, haben
Bergk (ind. l. v. Halle 1864), Huschke (Jahrbb. Suppl. 5,
813 ff.) und Sophus Bugge (altit. Studien S. 80 ff.) nachgewiesen, dass sie zu den Quellen der pälignischen Sprache
gehört.

Auch von dem Sabinischen ist schon mehrmals, besonders bei dem bekannten Wechsel von F und H, die Rede
gewesen. Varro und Verrius Flaccus haben uns sehr viele
Wörter aus der sabinischen Sprache erhalten; Mommsen, der
sie in den unterit. Dial. S. 349 ff. zusammenstellt, erkannte
S. 347 richtig, dass diese Wörter im sabinischen Latein bewahrt und daher jenen Gelehrten bekannt waren. Auch auf
die Aussprache werfen manche Glossen — die Namen wollen
wir ganz aus dem Spiele lassen — einiges Licht, z. B. dass
der Rhotacismus, wie aus ausum und fasena erhellt, nicht

---

30) Corssen I 759* lässt matrona aus matronai entstehen und
vergleicht damit die am Anfange besprochenen Dative auf a.

durchdrang. Bemerkenswert erscheinen auch alpus = albus
und sancus = sanctus nach der Weise des Oskischen, das
z. B. auch facus = factus bildet. Diese Grammatikerzeugnisse ergänzt die erst in neuerer Zeit recht gewürdigte Tempelinschrift von Furfo C. I. I 603 = Garr.
1034 aus dem
Jahre 696 der Stadt; während man früher überall, Schreibfehler eines ungebildeten Steinmetzen sehen wollte, findet jetzt
Huschke (Jahrbb. Suppl. 5, 856 ff.) darin sabinisches Latein
und Jordan (Hermes 7, 201—12, umgearbeitet in den krit.
Beitr. S. 250—63) im allgemeinen „lateinische Bauernsprache".
Von undaequae = undique war schon oben die Rede; rein
lokal scheint nur surupuerit = surripuerit, wobei wahrscheinlich die Vokalausgleichung mitgewirkt hat. Sonst kreuzen
sich in Sabinum der oskische und umbrische Einfluss, wenn
anders seit = siet durch das umbrische sei veranlasst ist;
dagegen steht Flusare sicher in der Mitte zwischen dem lat.
Florali und dem osk. Fluus-aasi-. Ebenso darf, wer Garrucci
traut, wo er ohne Kontrole durch deutsche Epigraphiker ist,
bei dem Dativ Aufidioi (Garr. 1841 von S. Giovanni di Cag-
nano), da bei der Beschaffenheit der Schriftzüge der Gedanke
an uraltes Latein ausgeschlossen sein muss, an die oskischen
Dative auf ui (oi) denken.

Von der Mundart der Marser hatten wir bisher nur
durch einige Inschriften, welche nichts rein lokales, sondern
meist nur nordlateinisches boten, und eine Glosse hernae oder
herna = saxa (Fest. pag. 100 und Schol. Veron. Verg. A. 7,
684) Kunde. Höchstens könnte man die Aspiration von T in
einem lateinischen Worte (centhurio Garr. 1867 aus Torano)
rügen. Mommsen (unterit. Dial. S. 347) hatte überdies, was
für das Latein gleichgültig ist, festgestellt, dass die Namen
auf -edius sich in den Abruzzen grosser Beliebtheit erfreuten.
In neuester Zeit wurde am Fuciner See eine Bronzetafel gefunden und in Deutschland zuerst von Bücheler im Rh. M.
33, 489 f. veröffentlicht. Leider bietet sie jedoch abgesehen,
von den Namen und den Wörtern menurbid = scitu, atoierpattia = consessui und ceip. = imperator nichts, um das
marsische Latein von dem der Nachbarvölker zu scheiden;
höchstens darf man hervorheben, dass das assibilierte T von
den Marsern wohl nicht so weich wie von den Etruskern,
sondern hart und unserem Z ähnlich ausgesprochen und da-

her durch TS ausgedrückt wurde. Ein solcher Mangel an lokalen Eigentümlichkeiten ist bei dem geringen Umfange der Inschrift nicht auffallend.

Noch schlimmer steht es mit unserer Kenntnis von der Mundart der Herniker, ja wir wüssten nicht einmal von ihrer Existenz, wenn sich nicht der Kaiser M. Aurel als Schüler Frontos für sprachliche Raritäten interessiert hätte. Er schreibt an Fronto (4, 4 p. 67 N.): Deinde in porta (Anagnina) cum eximus, ibi scriptum erat bifariam sic: FLAMEN SUME SA-MENTUM. Rogavi aliquem de popularibus, quid illud verbum esset; ait lingua Hernica pelliculam de hostia, quam in apicem suum flamen, cum in urbem introeat, imponit. Das Wort scheint also damals noch fortgelebt zu haben, weil es ein Mann aus dem Volk erklären konnte.

Auch bei den Volskern finden wir jetzt nur mehr die besondere Ausdrucksweise donu danunt in einer Inschrift von Sora C. I. I 1175 = Garr. 1537 anzumerken[31]) und bei den Pälignern blos liburta (Garr. 1799 von S. Clemente di Casauria), das vielleicht nach Analogie von convenumis C. I. I 532 = Garr. 872, wenn dort nicht ein Schreibfehler vorliegt, durch Vokaltausch aus lubirta entstanden und dann dem oskischen lufer zu vergleichen ist; daneben verdient auch die Annahme Berücksichtigung, die Päligner hätten E vor dem Doppelkonsonanten, wie die Marser in menurbid, zu U verdunkelt.

Von ihren nördlichen Nachbarn gibt nur eine Stelle des Charisius (p. 193, 16 ff. K) Kunde, dessen Notizen offenbar aus guter Quelle stammen, aber durch ihre Undeutlichkeit für uns unfruchtbar bleiben: Non quia negem ultra Sassinum interque Vestinos (handschriftlich inter quaestion. os) Teatinis et Marrucinis esse moris E litteram relegare, O videlicet pro eadem littera claudentibus dictionem. Hier hat die Phantasie einen grossen Spielraum; vielleicht handelt es sich um den Vokativ der O-Stämme oder metaplastische Ablative der dritten Deklination wie osso für osse.

Wer möchte es aber glauben, dass von dem Latein der Samniter, des mächtigsten italischen Volkstammes, der

---

31) Es liegt hier eine erweiterte Form vor, die der fünften Klasse des indischen Verbums entspricht.

den Römern am hartnäckigsten widerstand, fast keine Spur
erhalten ist. Unter oskischem Einflusse stehen die Münzauf-
schriften Benventod (Mommsen, unterit. Dial. S. 214) und
Aesernim = Aeseruium (a. O. S. 233)[32]). Auf das Oskische
geht wohl auch das freilich nur durch Garrucci (1637) bekannte
suieis = sueis aus Benevent zurück, das ich als Variante von
sueis fasse, da die, Osker bekanntlich nach einem Vokal I
verdoppelten. Nach oskischer Art assimilierten endlich die
Samniter die Kousonantenverbindung ks oder mjt anderen
Worten, sie sprachen lateinisches X wie S in us (or) Garr.
2107; im Lateinischen der republikanischen Zeit wüsste ich
sonst kein Beispiel nachzuweisen, da die Inschriften C. I. I
182 = Garr. 562 mit medis und Garr. 563 den sabellischen
Dialekten angehören [32]ₐ).

Mit den stammverwandten Kampanern verbindet die
Samniter eine Eigenthümlichkeit der Aussprache; sie waren
nämlich die ersten und, so lange die Republik bestand, die
einzigen, welche die Verbindungen UU und VU duldeten.
Dies bezeugen vivus C. I. I 1276 = Garr. 1757 in Bovia-
num, duum C. I. I 577, 6.36 = Garr. 927 in Puteoli und
Vulins C. I. I 1251 = Garr. 1688 in Pompeji.

Für Kampanien selbst müssen wir uns auf Inschriften
der späten Kaiserzeit beschränken; es hat sich hier noch
manches Oskische erhalten, nachdem die Sprache, deren
letzte Reste in einigen pompejanischen Graffiti bestehen,
schon längst untergegangen war. Ein namhafter Rest ist
die Assimilation ND zu NN, wofür wir trotz zahlreicher oskischer Beispiele (Bücheler Rh. M. 33, 61) und der heutigen
Herrschaft desselben Lautgesetzes in ganz Süditalien nur einen
Beleg (Vere cunnus C. I. IV 1768), den einzigen aus Inschriften der älteren Zeit, auftreiben können. Die Erhaltung
des oskischen F erstreckt sich nur auf Personennamen; wir
finden z. B. in den neapolitanischen Inschriften neunzehnmal
Alfius, neunmal Rufrius, fünfmal Safinius und Safinia u. dgl.

---

32) Fiorelli, ann. de numism. I 104 f. Friedländer, oskische Münzen S. VII f. 23 f. Corssen in Kuhns Ztsch. 5, 127 f.

32 a) Es ist sowohl sprachlich als paläographisch unwahrscheinlich, dass in der faliskischen Inschrift bei Dressel, Bull. d. I. 1881
p. 158 Nr. 5 Sesto = Sexto zu lesen ist.

Das Neutrum qnai = quae in einer Inschrift aus der Zeit des Kaisers Klaudius I. R. N. 2211 mag auf das oskische paí zurückgehen; doch kann man auch mit Bücheler (Dekl. S.[2] 42) einen Gräcismus der Orthographie darin sehen. Entschieden oskisiert aber die 3. P. Sg. Perf. auf D, eine Endung, die erst im zweiten oder dritten Jahrhunderte n. Chr. nach Rom gelangte und nur selten Italiens Grenzen überschritt. In den pompejanischen Graffiti findet sich nur pedicav(i)d C. I. IV 2048 und atcesid ib. 1486 c. add., während in den epichorischen Inschriften die Endung — ed ohne Konkurrenz vorkommt.

Dies muss uns an zwei der merkwürdigsten Altertümer Italiens, die Ficoronische Ciste und das Duenosgefäss, erinnern. Jene hat nämlich in der Künstlerinschrift, welche etwas verschiedene Buchstaben von denen der Dedikation zeigt, das Perfekt fecid, Duenos dagegen schreibt noch besser oskisch Duenos med feced. Was das erstere Denkmal anlangt, so hat Mommsen schon in den unterit. Dial. S. 283 seinen kampanischen Ursprung aus dem Vornamen Novios erschlossen[33]). In Jahns Buch über die Ficoronische Cista S. 61 machte er auch auf das auslautende D aufmerksam; da aber Mommsen dieses Moment, wie es scheint, für weniger bedeutend hielt, überging er es im Kommentar zu C. I. L. I 54 mit Stillschweigen. Das Argument wurde jedoch nicht durch eine neu aufgefundene Inschrift widerlegt, sondern noch mehr dadurch gestützt, dass die kaum leserliche Inschrift auf einem Fusse wahrscheinlich oskisch ist (Garrucci, graff. di Pompei 1856 p. 26; Huschke, Jahrbb. Suppl. V 913). Mit diesen äusseren Merkmalen trifft die künstlerische Stellung des Werkes auf das beste zusammen; der Künstler war in der Schule der Griechen gebildet, aber doch ein Italer, wie aus einem Armreif und einer Bulla hervorgeht. Dies passt also ganz gut für Kampanien, wo Einheimische und Griechen nebeneinander wohnten und arbeiteten und nicht bloss in Handelsverkehr standen, wie es zwischen Etruskern und Griechen der Fall war. Wir kommen also zu dem Resultate, dass Raoul-Rochette (fouilles de Capoue p. 63) Recht hatte, wenn er No-

---

33) Er kommt übrigens auch in dem oskischen Lukanien vor I. R. N. 418.

vios Plautios einen kapuanischen Meister nannte[34]), nur hätte
er ihn besser überhaupt einen Kampaner genannt.

Bei der Duenosinschrift sprechen auch noch mehrere
sprachliche Eigentümlichkeiten, die wir schon berührt haben,
für ihre Herkunft aus den Bergen östlich von Rom, wie Jordan (Hermes 16, 254), der auf anderem Wege zu derselben
Ansicht gekommen ist, sich vorsichtig ausdrückt. Wie stellen
sich aber nun die Sprachforscher zu der Sache? Bücheler
(Rh. Mus. 36, 243) geht über jene Erweichung von T zu D
mit den Worten hinweg: „Die Rehabilitation des T im alten
Latein erfolgte durch gesonderte Entwicklung desselben unter
dem Einfluss der Schriftstellerei, wenn der Name nicht zu
vornehm ist für bescheidene und kurze Aufzeichnungen seit
der Epoche des Appius Claudius". Wenn sich in der That
eine grosse orthographische Reform für die Zeit des Appius
Claudius nachweisen liesse, wäre allerdings ein grosses Bedenken aus dem Wege geräumt. Die ziemlich späteren Grab-
schriften der Scipionen, die doch an der Spitze der römisch-
griechischen Civilisation marschierten, zeigen indes das ärgste
orthographische Chaos; das Verdienst der Fixierung der
schwindenden oder bereits stummen Laute dürfen wir wohl
der Einführung von Schulen und dem Entstehen einer wirk-
lichen Literatur nach dem Muster der Griechen zugute schreiben.
Die Männer, die damals diese Reformen unternahmen, wuss-
ten aber nichts von der vergleichenden Sprachwissenschaft,
nichts von Osthoffs primären und sekundären Formen. (Rh.
M. 36 S. 487 f.); auch konnte ihnen, die theils den Sprachgebrauch der vornehmen Welt teils die Griechen zum Muster
nahmen, zur Regulierung der Orthographie des Perfekts gewiss nicht der Konjunktiv Präsens mit -t (indog. ti) zum
Vorbilde dienen. Nicht weniger schwankte im Oskischen die
Orthographie, wenn auch im Präsens, doch nie im Perfekt.

---

34) Dass Novios Plautios nicht die Deckelfiguren und die Füsse
der Ciste, die irgend ein gewöhnlicher etruskischer Handwerker ver-
fertigte, sondern die Reliefs gearbeitet habe, scheint mir selbstver-
ständlich. Mit einem solchen plumpen Fabrikate, wie es jeder Erz-
arbeiter machte, konnte er nicht hoffen, sich zu verewigen; auch die
Zusammenschmiedung der Platten mit jenen Figuren berechtigte nicht
zu der stolzen Inschrift. Gegen ersteres spricht schon der Wortlaut,
weil med jedenfalls als Objekt zu dedit zu ergänzen ist.

Wir stehen der Thatsache gegenüber, dass, abgesehen von jenen beiden Denkmälern, vor Cäsar in keiner einzigen lateinischen Inschrift, weder in einer Staatsurkunde noch auf einem Privatdenkmale, auslautendes D und T verwechselt werden; die ersten Beispiele sind aput in der lex Julia munic. Z. 15, 34, 120 und quod C. I. I 1016 aus der Zeit des Cäsar oder Augustus. Dies muss um so bedeutsamer erscheinen, als die sonstigen Regeln z. B. in Bezug auf auslautendes M und S von ungebildeten Steinmetzen, die der lebendigen Sprache folgten, häufig genug durchbrochen wurden. Auf der anderen Seite steht ein sicher kampanisches Werk, während das zweite ebenfalls mehrere unrömische Sprachformen zeigt; wir wissen, dass die oskische Sprache T in der 3. P, Sg. Perf. zu D erweichte. Kann hier die Wahl noch zweifelhaft sein? Aber, könnte man einwenden, auf den kampanischen Schalen des Canuleius steht regelmässig die Form fecit C. I. I 53 = Garr. 498; Garr. 499; Bull. d. I. 1866 p. 242 = Garr. 500! Auch hier würde es mir nicht an einem Auswege fehlen — wenn Canuleius überhaupt ein Osker wäre; aber nicht nur kommen seine Schalen blos in den Nekropolen von Cäre und Tarquinii vor, seine Familie war auch in Etrurien ansässig und ein Vertreter derselben ist als Bürger von Volsinii (Garr. 1948) nachweisbar. Die kapuanische Inschrift C. I. I 624 = Garr. 1075 zählt nicht, weil dieser Canuleius ein Veteran Cäsars oder der Triumvirn war und Land in Kampanien bekommen hatte. Vielleicht gehörte Canuleius zu den kampanischen Etruskern oder er hatte sein Handwerk in einer der berühmten Thonwaarenfabriken zu Cales erlernt und machte damit für seine Waare Reklame. Bei seinem Konkurrenten Retus Gabinius wird das erstere Verhältniss obwalten, da eine Schale aus seiner Fabrik (Garr. 506) in Cales, eine andere (Garr. 505) sogar in Sicilien ausgegraben wurde. Damit dürften die naheliegenden Einwände beseitigt sein.

Da wir nun einmal das merkwürdige Gefäss, das den Namen des Duenos trägt[35]), berührt haben, so wollen wir

---

35) Cobet, Mnemos. 1881 H. 4 hat die Echtheit angezweifelt; da jedoch weder die Archäologen des deutschen Institutes noch die Kenner des alten Lateins irgend einen Zweifel ausgesprochen haben, so dürfen wir über diesen müssigen Einfall mit dem bekannten Spruch des Apelles hinweggehen. Vgl. jetzt H. Jordan, vindiciae sermonis La-

unter Verweisung auf Jordans Aufsatz in Hermes 16, 225 ff.
die oskisch-sabellischen Formen kurz anführen: Die Erweichung des auslautenden T findet sich auch in asted und
dem zweimaligen sied, ebenso, wenn wir Osthoffs Worttren-
nung (Rh. M. 36, 484) annehmen, in neited, wogegen es in
mitat bewahrt bleibt, was Ostboff durch den Ursprung aus
mita-ti erklärt; mit jenen Formen vergleiche man die pompejanischen diced C. I. IV 1700, inquid 1351? und rogad 2388.
Die Assibilation von di in dzenoine gehört ebenfalls der oskischen Mundart an, die sehr oft di zu z oder s assibiliert
(Mommsen, unterit. Dial. S. 224)[36]). Ganz unlateinisch ist
endlich die Anwendung von einom in der Bedeutung „und",
da sich gerade hier das Lateinische, welches enim als be-
teuernde und begründende Partikel verwendet, von dem Umbrischen und Oskisch-Sabellischen scheidet. Der Form nach
stehen unserem einom das pälignische inom und das umbrische
enom am nächsten[37]). Indem ich noch auf die häufige Anwendung des Diphthongs oi in qoi, noisi, Toitesiai, dzenoine
und vois gegenüber dem vereinzelten ei in deivos hinweise,
erinnere ich daran, dass die Dative Ope und Jove mehr nach
Norden führen. Wenn also Jordan (Hermes 16, 254) sein
Resultat in den Worten zusammenfasst: „Die Abweichungen
von den Sprachformen, der Schrift und dem Alphabet der
römischen Sprachdenkmäler zeigen Eigentümlichkeiten, welche es wahrscheinlich machen, dass der Schreiber zwar gutes
Latein redete, aber beeinflusst war von einer der Mundarten,
welche in den Berggegenden östlich von Rom gesprochen
wurde, aber bereits im fünften Jahrhundert im Aussterben
begriffen war", so können wir unter Protest gegen das Lob
des „guten Lateins", das mit den folgenden Worten Jordans
in grellem Widerspruch steht, im Allgemeinen seiner Ansicht
zustimmen, aber sie vielleicht noch näher dahin präzisieren,
dass Duenos weder aus Kampanien noch aus dem Lande der

tini antiquissimi, Regim. 1882 p. 4sqq.; Bréal, Revue crit. 1882 p. 220
und mélanges d'arch. et d'hist. II p. 147 ff mit ausserordentlich will-
kürlichen Erklärungen, z. B. soll at = aut, iai = eis und ites = λιτοῖς
sein. Franc. d'Ovidio (Riv. di filol. 1882 p. 113 — 31) bietet nichts neues.

36) Die Assibilation des etruskischen Ziumithe = Διομήδης stammt
wohl schon aus dem Griechischen.

37) Bücheler, lex ital. p. VIII.

Volsker stammt, weil diese den Diphthong oi aufgegeben haben, sondern dass die Gegend westlich oder nordwestlich von Kampanien und Samnium seine Heimat war. Da wir uns wegen der mehrfachen Anklänge an das Oskische von jenen beiden Ländern nicht weit entfernen dürfen, aber zugleich eine mit Rom in bequemer Verbindung stehende Gegend wählen müssen, so möchte ich — natürlich nur hypothetisch — auf das Land der Aurunker hinweisen. Als einen thatsächlichen Idiotismus der Aurunker habe ich den gräcisierenden Genitiv collegiu in Fundi (Garr. 1561), wenn anders die Lesung richtig ist, zu verzeichnen.

Um auf den kampanischen Dialekt wieder zurückzukommen, so tritt zu den Oskicismen noch die anscheinend von der Landessprache nicht beeinflusste Abneigung gegen die Lautverbindung LT, die jetzt den Bewohnern von ganz Mittel- und Süditalien eigen ist. Die Pompejaner waren zu bequem, um multum auszusprechen, und sagten lieber muntu (C. I. IV 1593), wobei sie, auch wenn wir Vanitscheks Etymologie des Wortes billigen, gewiss nicht das ursprüngliche N beibehielten; da nämlich das Oskische (Bücheler, Lexicon Italicum p. XVII) hier regelmässig L anwandte, so haben·wir in multum einen lokalen Solöcismus, der zufällig mit der indogermanischen Form zusammentraf, zu erkennen. Das gleiche gilt von den romanischen Formen munchu (asturisch), monto (römisch und parmesanisch vgl. Dante, de vulg. eloquio I 15), manto (altsicilisch bei Pier delle Vigne und provenzalisch) und mainte (altfranzösisch). Aus derselben Gegend dürfte das vom Appendix Probi gerügte cuntellum stammen[38]).

Lukanien hat leider fast gar keine Privatinschriften aufzuweisen, während das Stadtrecht von Bantia als Staatsurkunde den Vorzug oder für uns den Nachteil einer korrekten Sprache hat; es fiel mir nur die Verdumpfung von E zu U vor Doppelkonsonanz, die uns schon im pälignischen

---

38) Der Appendix Probi ist nicht ein Antibarbarus für eine bestimmte Provinz, sondern eine fleissige Sammlung aus den Abschnitten verschiedener Grammatiken, die de barbarismis, de soloecismo u. dgl. handeln. Mit cuntellum vergleiche man neapolitanische Idiotismen, wie acconze = accolae.

3 *

liburta und marsischen menurbid entgegentrat, in dem Worte condumnari auf.

Mehr eigentümliche Formen zeigt das Tempelgesetz von Luceria (Eph. ep. II p. 205 = Garr. 2327): wer hat je in einer lateinischen Inschrift Imperative auf —tid, wie fundatid = fundito und parentatid gelesen? Da diese Formen nicht einmal echt oskisch sind, so dürfen wir sie auf die Sprache von Westapulien zurückführen. Das indogermanische A der Imperativendung, welches ausser dem Sanskrit nur das Umbrische der Differenzierung wegen in dem Pluralsuffix - tu - ta (z. B. fer - tu - ta = ferunto) erhalten hat, erscheint noch in proiecitad = proicito; daneben lesen wir aber schon estod und licetod. Die drei Formen scheinen sich auf die Konjugationen in der Weise zu verteilen, dass die erste —tid, die zweite —tod und ˙die dritte —tad zum Suffix hat; bei der ersten und dritten wollte man jedenfalls die Anwendung desselben Vokals in beiden Silben, wie sie bei - atad, resp. - itid notwendig gewesen wäre, vermeiden. In jenen Imperativen auf tid und den Formen ium und stircus zeigt sich eine Vorliebe für den Vokal I. Was den Wortschatz betrifft, so möge man die Anwendung von loucarid in der Bedeutung von luco nicht übersehen.

Die Nachbarstadt Canusium bietet in C. I. I 597 = Garr. 1019 die weiche Form Medella. Von der Latinität Apuliens wusste man schon aus Horaz (sat. 1, 10, 30 verba foris petita patriis intermiscere more Canusini bilinguis), dass sie stark gräcisiere; dies bestätigen uns jetzt die Inschriften (Mommsen, unterit. Dial. S. 87), von denen einige Nominative auf —os (Symphoros und Philodespotos), andere den griechischen Genitiv Ammauru, Aspiration von Apphiadis und hybride Bildungen, wie Aeliofon enthalten. Ein Gräcismus scheint mir auch Asclaronon C. I. I 653 = Garr. 946 bei Asculum zu sein.

Aus Venusia kennen wir nur die interessante Form utarus = utaris C. I. I 1267 = Garr. 1733 in einer keineswegs sehr alten Inschrift, da die Präposition „mit" in der Form cu erscheint. Sie ist aber der Gegend nicht ausschliesslich eigen, sondern kommt auch auf einem Steine von Benevent (spatiarus C. I. I 1220 = Garr. 1610) und in einer

Wandinschrift von Pompeji (C. I. IV 2082), also nur im Süden Italiens vor. Wir haben jetzt noch über die Parallelisirung der heutigen Mundarten Süditaliens mit dem Oskischen oder dem Latein, das die Osker annahmen, ein Urteil abzugeben. So meinten G. Stier (Ztsch. f. Altertbumsw. 1851 Sp. 471 f.) [30]) und Wentrup (Beitr. zur Kenntniss der neapol. Mundart, Pr. von Wittenberg 1855), die jetzige Umwandlung von p in c sei auf die Osker zurückzuführen [40]); allein die Osker wandten gerade P für das lateinische Q und nur in Wörtern an, wo im Indogermanischen KV stand. Ausserdem scheinen beide nichts näheres über die Lautlehre der heutigen Mundarten zu wissen; abgesehen davon, dass sich der Wechsel über das ganze ehemalige Königreich Neapel und Sicilien und das südliche Rumänien, in der Form ci auch über Genua erstreckt, findet er nur vor I statt, wie auch fi stets in sci (bi oft in j) übergeht, und beides ist nur im Anlaute zulässig. Ein ähnlicher Fall ist der Wechsel von D und R: während die Osker das alte D erhalten, wo es die Lateiner in R verwandelten (Mommsen, unterit. Dialekte S. 224), setzen jetzt die Mundarten einiger Landstädte Campaniens und von Bagnoli-Irpino häufiger, die der Neapolitaner und Sicilianer nur selten, aber immer in grundverschiedenen Wörtern und nur im Anlaute R für D z. B. ronna = donna = lat. domina. Ebensowenig war Mommsen (unterit. Dial. S. 213) im Recht, wenn er den häufigen Gebrauch des Diphthongs IE in Süditalien dem Einflusse der einheimischen Sprache zuschrieb, wogegen Diez (etym. Wörterbuch, S. 3 f.) polemisierte. Wir können hinzufügen, dass aus den Inschriften der republikanischen Zeit die Diphthongisirung von E bis jetzt nur in Rom nachgewiesen ist. Dagegen darf man, wie schon erwähnt, die Assimilierung von ND, woraus NN entstand, zum Teil dem Einfluss der Osker zuschreiben (Diez, Gramm. der rom. Sprachen I S. 220 A.). In Namen erhielt sich das einheimische

---

39) Er citiert De Hayter, dissert. isag. ad Herc. p. 38.

40) Das neapolitanische pimece = lat. cimex stammt schwerlich aus dem Oskischen. Das rumänische apa und sardinische abba (Logudoro) oder eba (Gallura) „Wasser" sind doch gewiss von dieser Sprache unabhängig.

Element noch viel länger, wofür ein interessantes Beispiel
in dem Ortsnamen L'Acedogna, den man wenigstens gewöhnlich mit dem oskischen Acudunnid und dem römischen Aqui-
lonia identificiert, vorzuliegen scheint.

Nachdem wir nun das ganze eigentliche Italien behandelt
haben, wollen wir einen Augenblick still stehen, um das
Ganze zu überblicken. Ich glaube zunächst eine nördliche
und eine südliche Gruppe von Mundarten unterscheiden zu
dürfen. Jene spaltet sich wieder in die etruskisierenden
Mundarten (das etruskische, das faliskische, pränestinische
und tuskulanische Latein) und das Umbrisch-lateinische; die
südliche Gruppe umfasst die unter der Einwirkung des Oskischen stehenden Dialekte, also das Sämnitische, Kampanische,
Lukanische und Bruttische. Zwischen beiden steht das Latein
der sabellischen Völker, von denen die nördlichen und nordwestlichen (namentlich die Sabiner) sich mehr an die Nord-
lateiner anschliessen, während die südlichen den Uebergang
zu den Oskern bilden. Eine abgesonderte Stellung nimmt
das gräcisierende Latein der Apuler ein. Die Region des
Nordlateinischen bildet den eigentlichen Ausgangspunkt der
lateinischen Vulgärsprache wenigstens vom Standpunkte der
Laut- und Formenlehre: Die Abschleifung der Endungen
hat schon frühzeitig einen bedenkenerregenden Umfang angenommen, die in Rom begonnene Vernichtung der Diphthonge
wird mit traurigem Erfolge fortgesetzt und die Assibilation
und Mouillierung gewinnt hier zuerst eine Bedeutung. Der
Lieblingsvokal der Suffixe ist das nichtssagende E. Diese
Erschütterung der lateinischen Sprache begann bei den ener-
gischen Bewohnern der Apenninen, aus denen auch in Etrurien die meisten lateinischen Denkmäler stammen; die weich-
licheren Bewohner der Ebenen des Volturnus und Siris hatten
diese Kühnheit nicht. Wenn sie auch manches aus ihrer
Muttersprache in die fremde hinüberretteten, haben sie doch
prinzipielle Aenderungen nicht vorgenommen.

Wie verhalten sich nun die lateinischen Mundarten,
voran der sermo urbanus, zu diesen Gruppen? Die Ant-
wort muss lauten, dass sie mit allen drei Gruppen Berührungspunkte haben, ohne einer bestimmten anzugehören. Wenn
wir wieder von Norden beginnen wollen, so ist den Etruskern
und Römern die Ersetzung von Q durch C vor anderen Lauten

als U und O eigen[41]); in Rom sprach man Cintius nach C. I.
I 854 = Garr. 1186, wie in Etrurien Aecetiai = Acquitiai
auf einer volcentischen Schale C. I. I 43 = Garr. 475 und
Tarcna = Tarquinius Garr. 1939. Dies erklärt die umgekehrte Schreibung Guccilii oder Cuecilii = Caecili in einer
bilinguen Inschrift von Tuder Fabr. 90, deren Schreiber aus
zu grossem Eifer, die nationalen Fehler zu vermeiden, in das
entgegengesetzte Extrem geriet. An die Pränestiner lehnt
sich die römische Mundart an, wenn sie M vor einem P-
Laute auswirft: decebris C. I. I 930 = Garr. 1267; nov(e)-
bris C. I. I 855 = Garr. 1187; Sepronius C. I. I 956 =
Garr. 1294; Sepr. C. I. I 958 = Garr. 1296 entsprechen in
Pränestc Tapios C. I. I 150 = Garr. 767, Tapia C. I. I 151
= Garr. 769 und Tapio Ritschl suppl. III, 1 = Garr. 768
(mit m C. I. I 1501, 6 = Garr. 766; Eph. I 115 = Garr. 765;
Garr. 763 und 764). Nuphe Garr. 1710 aus Pompeji = Νύμφη
beweist als griechisches Wort nicht für den Gebrauch in Kampanien; νύφη ist noch heutzutage in griechischen Dialekten
(z. B. in dem von Thessalien) gebräuchlich.

Nur mit den Marsern haben die Römer die Abwerfung
des Spiritus asper gemeinsam ; in Rom lesen wir daher erceis-
cunda C. I. I. 205, 2, 55 = Garr. 1059; eredes C. I. I
1034 = Garr. 1358; eres Garr. 1441; Oratia C. I. I 924 =
Garr. 1261, auf einem Verwünschungstäfelchen von der Via
Latina ostia C. I. I 819 = Garr. 1150, wie in marsischen
Inschriften Irtius C. I. I 625 = Garr. 1076 aus Marruvium
und Ostilius C. I. I 1170 = Garr. 842 aus Aschi steht. Die
Erklärung des rätselhaften pränestinischen Spiegels Garr. 539
durch Jordan (krit. Beitr. S. 75), wonach hata „die Mutter"
und atos „der Vater" heissen soll, ist, so geistreich sie ist,
doch verfehlt; H wird, wie wir aus jenen Inschriften sehen,
vor dem hannibalischen Kriege nie und nachher nur
bei Römern und Marsern abgeworfen. Griechische Namen
wie Edonioni (Garr. 1622 von Benevent) und Ypsacus C. I. I
274 = Garr. 334 (von Rom) und das etruskische arrispex
oder arrespex bleiben als Fremdwörter aus dem Spiel, letzteres um so mehr, als sich im Etruskischen nur unsichere

---

41) Damit ist nicht ausgeschlossen, dass nicht auch im Oskischen
ein einzelnes Beispiel (Pakis = Paquius Mommsen, unterit. Dial.
S. 190) vorkommt.

oder nicht einheimische Beispiele derselben Erscheinung nachweisen lassen (Deecke, Etrusker II² S. 424). Bekanntlich
ist auch die Lesung Olconius in einer pompejanischen Inschrift,
die noch Garr. 1682 steht, jetzt durch [H]olconius ersetzt.
Etwas zahlreicher sind die Berührungspunkte der römi-
schen Volkssprache mit den südlichen Mundarten. Beide gebrauchen den gräcisierenden Genitiv auf -aes in der ersten
Deklination auch bei italischen Namen: in Rom Aquilliaes
C. I. I 1025 == Garr. 1348 und in Kampanien Cominiaes
Garr. 1703; Dianaes C. I. I 1242 == Garr. 1674; Pesceniaes
C. I. I 1212 == Garr. 1595. Ebenso erhielt sich die ältere
Endung des Genitivs der 3. Deklination -us⁴²), soweit unsere
Inschriften zurückreichen, nur in der Hauptstadt und in Süditalien. Wir haben aber wohl bereits jenen Doppellaut,
um dessen willen Claudius — zu spät — ein neues Zeichen
einführen wollte, vor uns; die Römer und Süditaliener sprachen
also -üs, wogegen die anderen Municipalen schon frühe zu
dem dünneren und helleren Klang des I übergegangen waren.
In städtischen Inschriften findet man diesen Genitiv vierzehn-
mal, wozu noch aus Kolonien Cererus, Venerus C. I. I 1183
von Tarraco und patrus C. I. I 1469 == III 1784 == Garr.
2195 von Narona treten. Kampanien stellt sich mit Venerus
C. I. I 1495 == Garr. 2255 (Neapel) und 565 == Garr. 923
(Capua) und Cererus C. I. I 566 == Garr. 924, aerus C. I.
IV 2440 und Gorgonus? ib. 2089 ein, Lukanien mit partus
und Castorus im Bantinischen Stadtrechte Z. 12 und 17, sogar auch Bruttium mit Caponus Garr. 2253 (Hipponium). Damit auch eine Brücke, die von Rom nach Kampanien führe,
nicht fehle, bietet eine Inschrift des östlichen Volskerlandes
Capitonus Garr. 1541 (Thal Comino) und eine andere von
Monte Cassino C. I. I 1183 == Garr. 1551 Cerer. et Venerus.
Den nördlichen Gegenden blieben solche Genitive bis auf Cäsars Zeit fremd, aus der wir Caesarus C. I. I 685 == Garr. 1096
in Perusia (vgl. ebendort Caesaru C. I. I 696) finden; das
' faliskische Ticonu Garr. 792 kann also nicht Genitiv sein.
    Daneben hat die römische Volkssprache selbstver-
ständlich auch ihre Besonderheiten: blos Sache der Orthographie scheint die Vorliebe für EI statt langem I in Suffixen;

---

42) Corssen I² S. 240.

so kommen die Genitive auf -eis[22]), die Ablative auf -ei und die Infinitive auf -eire und -ei nur in Rom vor, auch die Imperative abei und nolei dürften keine Parallele haben. Dagegen repräsentiert die Schreibung circiensibus C. I. I 206, 64 = Garr. 1060 jedenfalls die Aussprache; ebenso scheint die Kontraktion des Diphtbongen AU zu U auf Rom beschränkt (frude C. I. I 198, 60), wogegen mit Ausnahme des Altumbrischen und Etruskischen (Deeke II[2] S. 370 ff.), welche für O kein Schriftzeichen haben, AU sonst ohne Ausnahme in O zusammenfliesst. Das Gleiche gilt von dem Wechsel von M und N vor anderen Konsonanten; die Römer nasalierten nämlich wohl beide Laute, wesshalb eine Unsicherheit in der Schreibung eintrat; wir lesen quan sei, quonque, tantundem und in der Kolonie Castrum novum (Civita Vecchia) idenque C. I. I 1341 = Garr. 1881; auf der anderen Seite sentemtiam und ähnliches, worüber Hübners Index S. 607 genügenden Aufschluss gibt.

Bei dieser Gelegenheit will ich die dürftigen Notizen über die noch übrigen latinischen Mundarten, deren Stellung sich nicht näher bestimmen lässt, einreiben. Von der Mundart der alten Stadt Lanuvium kennen wir nur zwei Wörter: nebrundines=nebrones Fest. p. 163 und mane=bonum Macrob. sat. 1, 3, 13 als Simplex zu immanis. Das letztere bezeichnen Varro l. l. 6, 4, Paul. Diac. p. 122. 125, Serv. V. A. 1, 139. 2, 168. 3, 63, Isid. or. V 30, 14. X 139 vgl. VIII 11,100 als altlateinisch, woraus erhellt, dass zu Lanuvium wie gewiss in den anderen Landstädten Latiums manches alte Wort, das in der Hauptstadt längst untergegangen war, noch lebenskräftig fortdauerte.

Ueber die Sprache Ostias beschränke ich mich darauf, eine Äusserung von Borghesi (Bull. d. I. 1846 p. 104 Anm.) mitzutheilen: „Quest' ultima opinione fù adottata pure dal sig. conte Borghesi, il quale aggiunse, che già da un pezzo anche dal Marini si fosse osservato, che ad Ostia per l'affluenza de' forestieri il linguaggio del popolo era più corrotto che altrove, per cui le lapidi di essa città siano piene di idiotismi e solecismi". Es handelte sich damals um das schlechte Latein der folgenden Inschrift: quinquennal. collegi Silvani

---

22) Neue, Formenlehre I[2] S. 191 findet in parcnteis C. I. I 1009, 5 ein Versehen des Schreibers.

Aug. maioris quod est Hilarionis io nctus sacomari (für iunctum sacomario). Wenn gleich die Ausicht Borghesis einleuchtet, gestehe ich doch, dass ich darüber kein Urteil fällen kann. Wir müssen hier die Zusammenstellung aller Inschriften Ostias im Berliner Corpus geduldig abwarten. Den Schluss möge eine Stelle des Varro (l. l. 5, 162) bilden, die von seinen Dialektstudien einen günstigen Begriff gibt: „Ubi cenabant, cenaculum vocitabant, ut etiam nunc Lanuvi apud aedem Junonis et in cetero Latio ac Faleriis et Cordubae dicantur".

In neuester Zeit ist von verschiedenen Seiten gemahnt worden, man solle auf die Auffindung so vieler hochaltertümlicher Inschriften hin an die Rekonstruktion der urlateinischen und dann der uritalischen Sprache gehen. Warten wir doch, bis sich in Rom selbst oder seiner nächsten Umgebung mehr alte Steinschriften finden, was hoffentlich nicht allzulange auf sich warten lassen wird, aber geben wir jetzt nicht das Latein, das im Munde der Marser und Osker seinen echten Charakter eingebüsst hat, für uralt und unverfälscht aus.

II. Die lateinische Sprache in den Provinzen.

Als die lateinische Sprache den Rubico überschritten hatte, musste sie im Munde der Kelten, Iberer und Libyer noch viel mehr als von den Italern verunstaltet werden. Denn Umbrer, Sabeller und Osker waren demselben Stamme wie die Römer entsprossen und auch die ihnen nicht homogenen Völkerschaften, die Etrusker und Messapier, hatten sich den Italern in Sprache und Sitte vielfach assimiliert. Ausserhalb Italiens aber erwuchsen dem Lateinischen in nur entfernt verwandten oder von Grund aus verschiedenen Sprachen viel gefährlichere Gegner. Es war der lateinischen Sprache daher unmöglich dieselben so völlig zu vernichten, dass nur mehr der einzige Unterschied zwischen der bunten Masse der Provinzialen und den Italienern bestand. Schon die äusserliche Romanisierung des Weltreiches verdient eine Riesenleistung der Staatskunst zu heissen; aber trotz der rücksichtslosen alles nivellierenden Methode der römischen Politiker wäre es unbegreiflich, wenn der Kelte die Sprache seiner Herren genau ebenso wie der Libyer gehandhabt hätte. Nimmt man dazu die ungeheure Ausdehnung des Reiches, so wird man wohl mit Recht fragen dürfen, ob die lateinische Sprache an der lusitanischen Küste ebenso erklang wie an der Mündung der Donau. Gewiss sowenig als jetzt! In der Karolingerzeit endlich finden wir die romanischen Sprachen schon völlig getrennt; die lateinische Sprache wurde aber sicherlich nicht mit einem Schwertschlage in die romanischen gespalten, wobei die Germanen die Hauptrolle spielten, wie die gewöhnliche Legende der Romanisten zu sein scheint. Doch wozu viele Worte! Wir haben ja genug Belege, dass das Lateinische in mehrere provinzielle Mundarten zerfiel; einige davon sammelte Schuchardt (Vokalismus des Vulgärlateins I

S. 84 und III S. 39), womit man als interessantes Analogon
die ethische Charakterisierung der lateinisch sprechenden Nationen in einem Epigramm (Anthol. Lat. 901 callidus Afer
eris semper, Romane disertus, semper Galle piger, semper
Hibere celer. vgl. Riese, Rh. M. N. F. 36, 473 u. Serv. V. A.
6, 724) zusammenstelle. Aber gerade die unzweideutigste
Äusserung hat Schuchardt übersehen; Hieronymus schreibt
nämlich comm. ad Galat. 2, 3: cum .... et ipsa Latinitas
et regionibus quotidie mutetur et tempore. Auch verschiedene Notizen des Galliers Consentius haben Bedeutung, besonders p. 395, 17 ff.: fortasse sint etiam alia generalia qua-
rundam nationum vitia, um so wichtigere Worte als Consentius allein den Versuch einer lateinischen Dialektologie gemacht hat, freilich ohne alles System und nur auf Grund des
Verkehrs mit Provinzialen (vgl. p. 391, 31 f.). Es frägt sich
nur, ob diese provinziellen Unterschiede auch in den erhaltenen schriftlichen Denkmälern nachweisbar sind. Bezüglich
der Inschriften brauchen wir gegen die Annahme von Tausen-
den von „Schreibfehlern" nicht mehr zu polemisieren. Dagegen hat Schuchardt eine andere Ansicht, die unseren ener-
gischen Widerspruch herausfordert, in weiteren Kreisen verbreitet; er präzisiert sie a. O. I. S. 92 in folgender Weise:
„Dieses (das rustike Latein) erscheint auf den Denkmälern
aller Gegenden eigentlich immer als ein und dasselbe......
Die Schreiber und Steinmetzen mochten viel in der Welt
herumkommen; die meisten ihrer Fehler gründeten sich daher auf die allen Dialekten gemeinsamen Abweichungen von
der Classizität. Auch lässt sich nicht verkennen, dass wenigstens in der späteren Zeit die Rustikorthographie gewisser-
massen traditionell war". Die barbarische Orthographie scheint
also durch Handbücher de barbarismo, soloecismo u. dgl.,
welche die von den Grammatikern verpönten Formen lehrten,
im römischen Reiche verbreitet worden zu sein oder der
Steinmetz gab seinen Gesellen Unterricht, wie sie der offi-
ziellen Orthographie zum Trotze nach dem alten Brauche
des ehrsamen Steinmetzhandwerkes schreiben sollten. Wäre
denn sonst eine gemeinsame Orthographie auf einem Gebiete
von über vierzigtausend Quadratmeilen möglich gewesen?
Die Steinmetzen zogen doch nicht als Hausierer mit einigen
Steinblöcken im ganzen Reiche herum; dass die Handwerks-

burschen auf die Wanderschaft gingen, war im Altertume nicht
Sitte und überdies hat bei uns gewiss noch nie einer seinen
heimatlichen Dialekt dabei verlernt[1]). Was aber Schuchardts
Erwähnung der „allen Dialekten gemeinsamen Abweichungen
von der Classizität" betrifft, so würde er wohl in Verlegen-
heit sein, in den jetzigen Mundarten Frankreichs oder Italiens
mehrere solche in der That allgemeine Abweichungen von
der Schriftsprache nachzuweisen. Die Vergleichung des Lateinischen und Romanischen sollte für jenes wenigstens den
Nutzen bringen, dass man es nicht als eine über den allgemeinen Entwicklungsgesetzen stehende Sprache betrachtet.
Freilich konnte Schuchardt in der Aussprache keine Unterschiede herausfinden, weil er die Beispiele nicht geographisch
ordnete; sein oft wiederholter Ausspruch entbehrte daher
ebensosehr der wissenschaftlichen Grundlage als Eyssenhardts
(Römisch und Romanisch 1882 S. 128) stolze Worte: „Wer
die aus Spanien, der Lombardei und den anderen Ländern
des romanischen Sprachgebietes stammenden zahllosen Inschriften kennt, wird niemals zugeben können, dass dort anderes in Uebung gewesen ist als das schriftmässige Latein".
Ich stelle vielmehr gerade den entgegengesetzten Satz auf[2]),
was ich mit um so besserem Gewissen thun kann, als Eyssenhardt durch die That gezeigt hat, wie wenig er die Inschriften kennt. Seine Ansicht, die lateinische Sprache sei
durch die Literatur zu den romanischen Völkern gekommen,
habe sich also nicht in Mundarten gespalten, bedarf kaum
einer Widerlegung; zu allen Zeiten und bei allen Völkern
hat die Entnationalisierung nie durch die Literatur statt-
gefunden. Selbst wenn die Römer Staatsschulen mit lateinischer Unterrichtssprache eingeführt hätten, wäre die Masse

---

1) Ich will hier auch auf die den Ethnographen wohlbekannte
Geschichte eines jungen Schotten hinweisen: dieser wurde von seiner
Geburt an in Südengland nur unter echten Engländern erzogen, miss-
handelte aber das Englische eben so, wie ein Bewohner Südschott-
lands, der seine Heimat nie verlassen hat. So tief wurzelt die Eigentümlichkeit eines Dialektes, besonders wenn sie mit der Verschiedenheit des Stammes zusammenhängt.

2) Natürlich soll damit nicht gesagt sein, dass man ebenso sprach
wie man schrieb; es drang nur ein Teil der Vulgärsprache in die
Schriftsprache ein.

der Bevölkerung nur doppelsprachig, aber nicht romanisch
geworden; bei dem absoluten Mangel dieses wichtigen Hilfs-
mittels aber waren die Römer, da für die keltischen und
spanischen Bauern die lateinischen Klassiker nicht existierten,
auf die Legionäre, Kolonisten u. dgl. zur Romanisierung angewiesen; hier lernten die Einwohner lateinisch, aber nicht
klassisches Latein. Nie wurde jedoch eine Sprache einem
anderen Volke aufgepfropft, ohne dass man von letzterem
sagen könnte: ferum victorem cepit. Ungebildete Handwerker mussten aber, zumal da die ihnen überlieferte Sprache
nicht die streng regulierte Schriftsprache war, die provinzielle
Gestaltung derselben in die klassische mischen. Bei den
Schriftstellern liesse es sich eher denken, dass sie auf Grund
ihrer literarischen Studien die provinziellen Idiotismen und
Solöcismen abgestreift hätten, allein selbst den Triumvirn
unserer Literatur gelang es nicht, die Sprache ihrer Kind-
heit im Reime oder in einzelnen Ausdrücken zu verleugnen.
Aber wäre nicht die Annahme möglich, dass die starken
Garnisonen bei der grossen Zahl der Lagerkinder und dem
häufigen Wechsel des Standortes die Entstehung einer lingua
franca beförderten? Ich will davon absehen, dass eine solche
dann fast nur in Grenzländern herrschen konnte; indessen
rekrutierten sich die einzelnen Truppenteile nur aus bestimmten Gegenden und konnten bei ihrer ansehnlichen Zahl
auch den ehelichen Verbindungen mit Frauen ihres jeweiligen
Garnisonsortes zum Trotz ihre Nationalität leicht bewahren,
namentlich wenn sie oft in eine andere Gegend kamen; das
beste Beispiel dafür mögen die fränkischen Bergleute des
Harz abgeben, welche mitten unter niederdeutscher Bevölkerung, obgleich sie schon vor mehr als vier Jahrhunderten sich
dort niederliessen, ihren heimatlichen Dialekt bewahrt haben.
Alle diese Umstände müssen uns ermutigen, die schriftlichen
Ueberreste des Altertums nach Spuren von Mundarten zu
durchforschen; hier will ich bloss das Afrikanische eingehen-
der behandeln, das Latein der übrigen Länder dagegen nur
kurz besprechen. Ich bin dabei auf den Vorwurf gefasst,
dass die letztere Untersuchung verfrüht sei; allerdings fehlt
es an Vorarbeiten, aber ein Anfang muss doch einmal gemacht werden, oder soll die Wissenschaft noch länger auf
dem Standpunkte der ars nesciendi, den Budinskys Schrift

„die Ausbreitung der römischen Sprache in den Provinzen
des römischen Reiches" (Czernowitz 1881) in ein grelles
Licht setzt, stehen bleiben? Möge man daher diese Re-
cognoscierung in einer terra incognita milde beurteilen!
Ich habe hauptsächlich die Inschriften und die Grammatikerzeugnisse, dagegen die Schriftsteller nur wenig verwertet.
Die hervorragenden Unterschiede der Dialekte beruhen
ja besonders auf der Aussprache, während die Schriftsteller nur durch einzelne Wörter und Wendungen an ihre
Heimat erinnern. In Bezug auf die Dialektstudien der Alten
wird, weil durch sie das Streben, manche Veränderungen
von Lauten auf bestimmte Gegenden zu beschränken, etwas
in Misskredit kam, ein orientierendes Wort nötig sein. Isi-
dorus (ed. Arcv. III App. 2 S. 504) sagt: birtus, boluntas,
bita vel bis similia, quae Afri scribendo vitiant, omnimodo
reicienda sunt et non per B, sed per V scribenda. Da sieht
man, heisst es, was solche Bemerkungen der Alten wert sind;
kommt denn nicht derselbe Wechsel auch in anderen Provinzen oft vor? Gewiss, aber Isidor wollte mit seinen Worten
dies nicht ausschliessen, sondern sein Wohnort lag Afrika
zunächst und da die Spanier in der That V nicht mit B ver-
tauschten [3]), so musste ihm, wenn er nach Afrika kam oder
vielleicht Briefe von den Ungebildeteren seiner afrikanischen
Kollegen erhielt, dieser Wechsel auffallen. Die alten Grammatiken machten ja keine eingehenden Dialektstudien, sondern sie merkten nur gelegentlich an, was ihnen im Verkehre
mit Bewohnern einer anderen Provinz aufgefallen war; ihre
Bemerkungen haben also hauptsächlich einen negativen Wert
für uns, insofern sie damit sagen, dass ihr eigenes Land die
betreffenden Idiotismen nicht kenne. Mögen sich auch zwei
oder drei Ausnahmen von solchen Angaben anführen lassen,
das stösst ihre Richtigkeit nicht um; gewisse Lautveränderungen sind vielleicht allen Dialekten einer Sprache gemeinsam, aber der Unterschied besteht dann darin, dass sie in
einem äusserst selten, in einem anderen fast regelmässig
vorkommen.

Von dem Latein der Balkanhalbinsel haben wir zu

---

3) Das einzige Beispiel bivit (C. I. II 5015) wirft diese Regel
nicht um, zumal da man der Reduplikation gerne aus dem Wege ging.

wenig Ueberreste, als dass auch nur der Versuch einer
Charakteristik möglich wäre. Ich möchte nur darauf aufmerksam machen, dass wohl nirgends sonst das Lateinische
so viele Wörter aus den einheimischen Sprachen aufgenom-
men hat. Wenigstens enthalten seine Nachkommen, das
Rumänische und Zinzarische, im weiteren Sinne auch das
Furlanische in dem einst von den illyrischen Venetern be-
wohnten Gebiete⁴), eine Menge Wörter, die sich im Alba-
nesischen wiederfinden; bei ihrer weiten Entfernung von den
Grenzen der letzteren Sprache ist an Entlehnung nicht zu
denken. Miklosich (Albanische Forschungen II. die romanischen Elemente im Albanischen, im 20. Bd. der Denkschriften
der Wiener Akademie) und Schuchardt (Kuhns Ztschr. 20,
241 ff., auch Vokalismus III. S. 50 ff.) haben ausführlich
davon gehandelt. Das interessanteste Beispiel, das erst im
Ausland 1880 Nr. 5 S. 85 nachgewiesen wurde, scheint mir
die Erhaltung des thrakischen μανδάκης (δεσμὸς χόρτου)
im rumänischen maldácu (Heubüschel). Die Aehnlichkeit
mancher rumänischer Pflanzennamen mit dakischen berührt
J. C. Schuller, zur Frage über den Ursprung der Rumänen,
Hermannstadt 1855 S. 15 A. 24, nach Schuchardt (Vok. III.
S. 315). Die sonstigen Reste des Lateinischen bei Theo-
phylaktos, Tzetzes u. dgl. sind sehr spärlich und bieten daher nichts lokales⁵). Das Lateinische in Dakien muss mit
dem Dalmatiens eng verwandt gewesen sein, weil unter den
Kolonisten jener Provinz viele Illyrier sich befanden (Toma-
schek, Ztschr. f. österr. Gymn. 1872 S. 146). Als Probe der
dalmatinischen Sprache im sechsten Jahrhundert will ich eine
interessante Bleitafel, welche von Detlefsen (D) mit Bemerk-

---

4) Vgl. Ascoli, sull' idioma friulano e sulla sua affinità colla lingua
valacca Udine 1846.

5) Der Versuch Schuchardts (Vok. III S. 49), das dakisch-mö-
sische Latein aus dem Walachischen und den Fremdwörtern des Alba-
nesischen zu rekonstruieren, leidet an dem Uebel der Unwahrscheinlich-
keit; die Denkmäler jener Sprache reichen nicht weit hinauf und die
Albanesen haben die meisten romanischen Wörter zweifellos erst spät
aus dem italienischen entlehnt. Mit besserem Rechte würde man die
lateinischen Wörter in Wulfilas Bibel heranziehen können, wenn nur
ihre Zahl nicht gar so gering wäre; doch verdient karkara (carcer)
als Feminin Erwähnung.

ungen von Zangemeister (Z) im Bull. di archeol. christiana
ser. II anno II p. 39 ff., hierauf von Schuchardt (S) in Kuhns
Ztschr. 20, 300 veröffentlicht wurde, hiebersetzen, teils
weil sie trotz ihrer merkwürdigen Formen wenig bekannt
ist, teils weil ich zu ihrer Aufhellung beitragen zu können
glaube ⁶).

Text	Paraphrase
† In noīī dn̄. Jeso Christi denontio tibi, immondissime spirite tartaruce, quem angelus Gabriel de catenis igneis religa*vit*, qui habent dece milia † barbar. (? Flammar.) *Post* resurrectione vinist*i* in Galilea; ibi te ordinavit, ut | (D u. S in) . silvestria loca, colla, montia opteneres (-is S) aut cum (D tunc S tune) demuniis (D demumo S temunio) in (D S ti??) 'grandene invobaris (D invocaris, S invocoris). Ved' (S vet Z vel?) erg*o* ut, ubiconqua nomen dn̄i audiveris (res D) vel scriptura (S si corpora)cognoveris(?scriptum acognoveris), non *possis* [*eas* D] ubi velles (-is S nocere. *Ante* te (*S* inante, D sed inte) habias	In nomine domini Jesu Christi denuntio tibi, immundissime spiritus tartarice, quem angelus Gabriel de catenis igneis religavit, quae habent decem milia flammarum (?). Post resurrectionem venisti in Galilaeam; ibi te ordinavit, ut silvestria loca, colla, montes obtineres aut cum daemoniis in grandine invebaris. Vide ergo ut, ubicunque nomen domini audiveris vel scripturam (?) cognoveris, non possis ubi velles, nocere. Ante te habeas

6) Die kursiv gedruckten Buchstaben sind unleserlich.

Bittl, lokale Verschiedenheiten der lat. Sprache.　　4

? *illo ignis* (S Jordanis, D . . . .
ignis) fluvio,
quem transire (S transnare)
non potuisti.
Requesitus, quare transire non
potuisti, dixisti: quia ibi ignis
a gatena (*S* a ganea *D* aranea s. o.) ignifera corret.
Et, ubi-
conqua semper tibi ignis a gatena (*S* a ganea *D* aranea
ignefera cursat (*D* ne contra
facias ac), denontio tibi
per domino meum, cave te †††

? illum ignis fluvium,
quem transire non potuisti.

Requisitus, quare transire non
potuisti, dixisti: quia ibi ignis
a catena ignifera currit. Et
ubi-

cunque semper tibi ignis a
catena
ignifera cursat, denuntio tibi
per dominum meum, cave te.

Man bemerke ausser der syntaktisch merkwürdigen Verbindung ubiconqua semper, die uns heimatlich anmutet, die ungewöhnlichen Formen tartaruce, ubiconqua, montia (montes) und die Vorliebe für den dumpfen Vokal O: denontio, immondissime u. s. w. Ein Analogon dazu bietet die pannonische Form eorundum = eorundem C. I. III 3351. Bei dieser Gelegenheit bemerke ich, dass die Existenz einer besonderen pannonischen Mundart durch Hieronymus (in Ezech. 4: ζέαν sive ζάαν vel far vel gentili Italiae Pannoniaeque sermone spicam speltamque dicamus) bezeugt ist. Da wir den Namen spelta auch sonst finden, so dürfte der Gebrauch von spica für far pannonisch sein. Pannonisch scheint auch devo = deo C. I. III 3476, aber dalmatinisch maris = mare C. I. III 1899.

Die Bekanntschaft des Lateins im Munde der Griechen verdanken wir dem Grammatiker Consentius, der allerdings nur die Konsonanten berücksichtigt; ich stelle seine Bemerkungen ohne Kommentar zusammen, zunächst über die vokalische Aussprache von J, das die Griechen nicht kannten: Graeci exilius hanc proferunt adeo expressioni eius tenui studentes, ut si dicant ius, aliquantulum de priore littera sic proferant, ut videas disyllabum esse factum (p. 394, 14 ff. K), dann p. 394, 25 ff. nam ecce Graeci subtiliter hunc sonum (L) efferunt. ubi enim dicunt 'ille mihi dixit', sic sonant duae LL primae syllabae, quasi per unum L sermo ipse consistat, über die ungewöhnlich weit gehende Assibilierung von T p. 395, 4 ff. Graeci contra, ubi non debent infringere, de

sono eius litterae infringunt, ut cum dicunt optimus, mediam
syllabam ita sonent, quasi post T Z graecum ammisceant und
endlich Z. 13 ff. item S litteram Graeci exiliter ecferunt
adeo, ut cum dicunt iussit, per unum S dicere existimes.
Schuchardt (III S. 57) vermutet mit Recht, dass die folgende
Notiz V quoque litteram aliqui pinguius efferunt, ut, cum dicunt 'veni', putes trisyllabum incipere sich ebenfalls auf die
Griechen bezieht. Auch sonst übertrugen sie Formen aus
ihrer Muttersprache in das Lateinische: der Genitiv Nico-
stratu C. I. III 2193 ist entschuldbar, weniger die Nominative auf -os bei rein lateinischen Namen (s. Index des C. I.
III S. 1187). In cibitationm III 218 und ipseius 287 gräci-
siert nur die Orthographie.

Damit müssen wir die Besprechung des Lateins im Oriente
abbrechen; bevor wir jedoch zu dem eigentlichen Gebiete der
lateinischen Sprache übergehen, wollen wir einen Blick auf
ihre Schicksale in Britannien werfen. Die abgeschiedene
keltische Insel, die den Römern so lange hartnäckig widerstand, bildete als sie deren Sprache annahm, dieselbe gewiss
beträchtlich um. Eine Spur des Keltischen kann ich nur
mehr in der Vorliebe für Diphthonge erkennen: OU erscheint
siebenmal, AI viermal, EI in C. I. VII 1877 und AEI in
Maeici 101 am Anfange des dritten Jahrhunderts. Sonst nei-
gen die Brittannier zur Kontraktion: cis = civis 972 erinnert an
das altspoletinische dinai. Dae = deae 234. 274 kehrt in einer
Weihinschrift Badens (Brambach C. I. Rhen. 1726), die an
eine keltische Gottheit gerichtet ist, wieder; das analoge
do = deo 181. 571 dürfte in heidnischen Inschriften kaum
eine Parallele haben. In den christlichen wird es als Abkürzung gefasst (C. I. VIII p. 1108). Von den Dativen auf
-a statt -ae war schon S. 3 die Rede; in Britannien stammten
sie wahrscheinlich aus der einheimischen Sprache. Negativ
habe ich zu bemerken, dass V, wie in Spanien, nie durch B
ersetzt wird; die anderswo so häufigen Bildungen auf -enis
und -etis fehlen hier ganz, singulär ist Herculenti 1032. Doch
damit ist das Material nicht erschöpft; die altirische Sprache,
deren Denkmäler bis in das fünfte Jahrhundert unserer Zeit-
rechnung zurückreichen, hat ausserordentlich viele lateinische
Wörter entlehnt, aus deren Umgestaltung wir die Aussprache
des Lateinischen auf den britischen Inseln in allgemeinen

4 *

Zügen erschliessen dürfen. Mit Benützung von Windischs kurzgefasster Grammatik der irischen Sprache (Leipzig 1879), namentlich des Abschnittes über die Lautlehre und des Glossars, will ich das auffallendste hervorheben: Als Vokal kurzer Suffixe und als Bindevokal dominiert A, z. B. cubad (cubitum), rustach (rusticus), umal (humilis) oder credal (credulus) und putar (putor), Temathei = Timothei in Glossen. Charakteristisch ist ferner die Neigung zu Diphthongen: AI = e, u, o z. B. espartain (vespertina), eclais (ecclesia), cubachail (cubiculum), i persained (in persona), UA = o z. B. glúass (glossa), ähnlich IA = e (oe) z. B. srian (frenum), pían (poena). Der Vokal I klingt wie im Französischen vor: glóir (gloria), mebuir (memoria), béist (bestia), Ambróis (Ambrosius vgl. das kymrische Embrys). Die gleiche Erscheinung findet sich in den Fremdwörtern des Kymrischen, dem Französischen und Altmailändischen (z. B. mainere, paira, pairo), also nur auf keltischem Boden. Nicht besser ergeht es dem Konsonantismus: J und V liquescieren gern, wodurch Formen wie Isu (Jesu), Irusalem (Jerusalem) und Duid (David), Cond neben Cuind (Quintus) entstehen. Im Auslaute und oft auch sonst wird C wie ch gesprochen: rustach (rusticus), ennach (innocens), domnach (dominica), cubachail (cubiculum), predchim (praedico). V lautet wie F, also figell, figil = vigilia, eine Aussprache, die dann durch die irischen Mönche nach Frankreich und Deutschland kam und als ein Rest ihrer Thätigkeit sich bis in unser Jahrhundert erhielt [7]). Wir werden unten nochmals darauf zu sprechen kommen. Aufmerksamkeit verdient endlich der Wechsel von M und B in amprom (improbus) und mebuir (memoria); damit stimmt es, dass auf einer römischen Inschrift numinibus in der Form nub. (C. I. VII 180) erscheint.

Nachdem wir die entfernten Länder ausgesondert haben,

---

7) Der Verfasser des Vocabularius S. Galli (im 8. Jahrhundert) schrieb deshalb vulgor = fulgur. Pontivicatus (Inscr. Hisp. Chr. 175) steht unter demselben Einflusse oder es ist durch die sogenannte Volksetymologie, indem der Titel vicarius S. Petri vorschwebte, entstanden; Πεβρ(ουάριος) endlich in byzantinischen Versen bei Ideler, scriptores medici et physici Graeci I S. 300 verdankt das erste Wita der assimilierenden Kraft des zweiten.

bleiben nur mehr fünf Sprachprovinzen, Oberitalien, Gallien, Spanien. Afrika und Italien, das für den Grammatiker auch nur eine Provinz ist. Oberitalien schied sich im Altertum noch viel schärfer als in unserer Zeit von dem eigentlichen Italien. Cäsar brachte die Romanisierung dieses Gebietes in Fluss und liess viele Cisalpiner nach Rom kommen; damals war es, wo Cicero seine Cassandrarufe gegen die Einwanderung der Barbaren, die die Reinheit der Sprache verdürben, erhob (Brut. §. 171. 258. ep. 9, 15, 1). Ich möchte auch vermuten, dass Laberius, der Hauptgegner Cäsars in seinem Mimus Late loquentes[8]) das Latein der Schützlinge des Diktators verspottet habe. Aus dem Veroneser Catull stellt Süss (Catulliana in den Acta sem. Erlang. I S. 45 ff.) verschiedene Wörter zusammen, die er aus der gallischen Sprache in seine Gedichte aufnahm. Einzelne Wörter wie basium gingen sogar in die anderen romanischen Sprachen über, jedoch gewiss nicht durch den Einfluss des Catull, wie Eyssenbardt (Römisch und Romanisch S. 43 f.) meint; er begründet diese seltsame Ansicht damit, dass das Wort nicht bei den Komikern vorkomme, also nicht der Volkssprache angehöre. Natürlich konnte es Plautus nicht gebrauchen, weil er kein Kelte war; es stände schlimm um die Ableitung der romanischen Sprachen aus dem Lateinischen, wenn die Komiker die einzige Quelle der Vulgärsprache wären. Noch heute bewahren die Mundarten Oberitaliens einige keltische Wörter, die man in Biondellis saggio dei dialetti gallo-italici aufsuchen möge. Ein beliebtes Thema für grössere Dissertationen war ferner im vorigen Jahrhunderte die Patavinitas, welche Asinius Pollio an Livius nach Quintil. 1, 5, 56. 8, 1, 3 rügte; jetzt schiebt man das Urteil Pollios gewöhnlich ganz auf die Seite, thut ihm aber dabei doch wohl Unrecht, da er zwar ein mürrischer Kritiker war, allein gewiss nicht ohne allen Grund einen solchen Tadel aussprach (M. Hertz, de vita et scriptis T. Livii p. LIV sqq.). Jedenfalls hielt er manche Phrasen für nicht urban; vielleicht tadelte er an dem Stile des Livius, dass dieser wie sein Landsmann Vergil häufiger als

---

8) Ritschl, Parerga I S. 143 änderte mit Unrecht Latine loquentes.

ihre Zeitgenossen das Particip Präsentis durch den Ablativ
des Gerundiums ersetzte⁹). Ausserdem ist es mindestens ein
merkwürdiger Zufall, dass nach Quintilian (1, 7, 24) nur die
Paduaner Livius und Pedianus die Formen sibe (noch Liv.
9, 5, 10 im Mediceus) und quase selbst gebraucht haben, während sonst nur Abschreiber diese archaisch-vulgären Formen in
die Texte einschmuggelten; die Inschriften stellen sich in der
Weise dazu, dass acht Beispielen aus Oberitalien nur je eines
aus Dalmatien (C. I. L. III 1808) und Rom (Gruter 958, 1)
gegenübertritt. Sonst berichtet Quintilian (1, 5, 2), dass die
Placentiner precula für pergula mit einer nicht ungewöhnlichen Versetzung von R¹⁰) gesagt hätten. Nach Servius (zu
Verg. G. 1, 104) war comminus in der Bedeutung „sogleich,
sofort" besonders bei den cisalpinischen Galliern gebräuchlich,
es kommt jedoch ebenso auch Dig. 13, 7, 3. 45, 137 pr. Jul.
Val. 3, 31 (19) vor. Die Schriftsteller des Landes, voran die
schlechten Stilisten Cornelius Nepos und der ältere Plinius,
sind mit Ausnahme von Nepos zu wenig durchforscht als dass
sich bis jetzt provinzielles bei ihnen hätte entdecken lassen,
obgleich namentlich jene beiden sicherlich nicht dem sermo
urbanus folgen; eine Vergleichung beider würde wohl manches zu Tage fördern, ebenso eine Untersuchung dessen, was
Nepos und Plinius zuerst in die Literatur eingeführt haben.
Zu letzterem Kapitel gehören z. B. die zahlreichen von Substantiven abgeleiteten Inchoativa des älteren Plinius, wie ar-
boresco, glaciesco, plumesco u. s. w. Hauptquelle für das
Cisalpinische der späteren Zeit scheint mir Venantius Fortunatus aus Treviso, dessen Sprache mehr Beachtung verdient
als ihr gewöhnlich zu Teil wird. Dank dem vortrefflichen
grammatischen Index von Leo kann ich einige Provinzialismen
mitteilen: 6, 5, 168 und app. 4, 6 (nuntiet aura boni) gebraucht Venantius ohne Zweifel den Teilungsgenitiv, zu dem
die Afrikaner durch die Präposition de einen Anlauf nahmen.
Freunde der Semasiologie werden zahlreiche sonst unbekannte
Anwendungen von Wörtern finden, da Venantius ähnlich klin-

---

9) Nur Vergil und Livius haben ante mit dem Gerund, jener G. 3,
206, dieser praef. 6.

10) Rischl, opusc. II S. 536 ff.

gende Wörter häufig verwechselt, z. B. gebraucht er adven-
tus für eventus (3, 6, 33), consulo = consolor (Index S. 395)
und consultum = consolatio (Index S. 296), libere = liben-
ter (8, 3, 107) und viritim = cum vi (praef. 4). Auch an
Idiotismen fehlt es nicht; so kennen die Wörterbücher inad-
versus (vita Mart. 1, 238. 2, 171) und per quaqua (praef. 3)
nicht[11]). Wenngleich die Inschriften wenig rein lokales bieten, ergeben sich doch ein Paar interessante Resultate: Die
irische Aussprache des V kommt bereits auf einer alten
Scherbe von Veleia (bei Parma) C. I. I 783 vor, wo der
Name des Konsuls Volcatius (a. u. 688) zu Fo. abgekürzt
ist. Dieselbe Erscheinung finden wir ausser Irland auch hie
und da in Nordfrankreich und Piemont, dort Fictorinus (Fröhner, Inscr. terr. coct. vas. 2127 aus Hanau) und referencia
(Marini pag. dipl. 65, 13 gg. 657 n. Chr.), später fois (vices),
hier fos (γοx), allein wenigstens in Frankreich dürften teilweise die irisch-schottischen Mönche Veranlassung dazu gegeben haben. Der Wechsel von V und F ist also nicht so
unerhört, wie Aufrecht und Kirchhoff (umbrische Sprachd. I
S. 101 A.*) behaupten, zumal im Auslaute, wo das Oskische
(statief = stative) und die jetzigen Mundarten von Como,
Treviso und Brescia der Bequemlichkeit der Aussprache wegen gleich dem Russischen V durch F ersetzen. F tritt auch
zuerst in Oberitalien für das griechische Φ, einen physiolo-
gisch verschiedenen Laut, ein; das einzige Beispiel aus der
republikanischen Zeit (Orfeus C. I. I 602 = Garr. 1035 a. u.
695) stammt nämlich aus Mantua. Sonst fiel mir auf, dass C
immer hart ausgesprochen wird; Gaius, in dem ja C nur aus
der alten Schrift stammt, und der griechische Namen Egloge
stossen diese Regel nicht um. Ebenso unterscheiden die Oberitaliener mit verschwindenden Ausnahmen sorgfältig die einfachen und die doppelten Konsonanten, abgesehen von S,
worin sie sich den lateinisch sprechenden Griechen nähern,
und dem Worte anus, das im ganzen römischen Reiche fast
häufiger so als mit doppeltem N sich findet. Ueber das Verhältnis des Oberitalienischen zu den Nachbarmundarten folgt
unten weiteres.

11) Die bald erscheinende Ausgabe des Ennodius von Dr. Vogel
wird erst eine genaue Feststellung des Provinziellen ermöglichen.

Besser sind wir über die Phase des Dialektes, die wir die lombardische nennen können, unterrichtet; im Langobardenreiche und vor allem in seinem Centrum, der heutigen Lombardei, entwickelte sich eine besondere Form des Lateinischen, die unter dem entschiedenen Einfluss der Germanen stand. Von den germanischen Wörtern, die noch jetzt in der Lombardei und der nördlichen Romagna häufig vorkommen [12]), will ich hier nicht reden, gibt doch die Betrachtung der Formenlehre und Syntax genug Ausbeute [13]). Zu ihren germanischen Elementen gehört namentlich die Umschreibung des Passivs mit fieri z. B. sacramentum datum fieri debeat (Bluhme S. 40 f.), ferner die Verbindung unpersönlicher oder passiver Verba mit dem Akkusativ nach den Musterbeispielen omnia quae dictum fuit und res ipsas ad eum pertineat (Bluhme S. 36 [14]). Auch der blosse Konjunktiv für den Accusativus cum infinitivo erinnert an Germanische Sitte; man kann sciens baldiu(m) esset wörtlich übersetzen: wissend, er sei ein baldius (Bluhme S. 42). Wahrscheinlich gehen endlich die Verlängerungen der U- und O-Stämme auf die germanische Genitivendung -ns (Rechtens, Herzens) zurück (Bluhme S. 29 f.): die Langobarden bildeten also von Wörtern der ersten Deklination den Genitiv Sg. auf anis, ani, anes, ane, den Akk. Sg. auf -anem, den Nom. Pl. auf -anes (barbanes). Diesen Formen entsprechen in der zweiten Deklination Genitive des Singulars auf unis (Petrunis), uni (Luciuni), oni (dominiconi), une (Luciune), Dative auf uni, oni und Ablative auf one, une. Der Zurückführung auf germanische Genitive stimme ich zu, weil die langobardischen Namen meistens dieser Deklination

---

12) Muratori, antiquitt. Ital. II.

13) Nützliche Materialsammlungen geben Pott, romanische Elemente in den langobardischen Gesetzen in Kuhns Zeitschrift XII S. 161 ff. XIII S. 24 ff. 81 ff. 321 ff. und Fr. Bluhme, die Gens Langobardorum, zweites Heft: ihre Sprache. Bonn 1874; dagegen ist Waitzs Aufsatz im neuen Archiv der Ges. für die ältere deutsche Geschichtskunde I. 1876 S. 560—66, der die Sprache von Paulus' historia Langobardorum behandelt, mit grosser Vorsicht zu benützen, da er jenem fast alle Verderbnisse der Handschriften ungerechter Weise aufbürdet.

14) Für den germanischen Ursprung citiert er Uppström, gotiska Bidrag 1868 S. 24 ff.

folgen und bei den lateinischen Wörtern die Genitive weit
überwiegen; sonst könnte man im Hinblick darauf, dass die
erste Deklination in den Hintergrund tritt, an Augmentativa
auf -one denken. Zum Schlusse sei bemerkt, dass diese Formen ausschliesslich dem achten und neunten Jahrhunderte angehören. Ausserdem haben wir noch sehr interessante Formen zu behandeln: die Langobarden fassten nämlich die
Pluralgenitive auf -arum und -orum als Neutra des Singulars
und bildeten davon den Nom. Pl. auf -ora und den Akk. Pl. auf
oras (Bluhme S. 30 f.), also campora[13]), fundora, locora,
preceptora, portora, camporas, fundoras, lacoras, vicoras. Man
empfand aber den Plural noch immer, so dass wir nur de und
in campore bei Fumagalli a. 856 p. 308. a. 862 p. 350 als Belege für den Singular anführen können. In langobardischen
Urkunden verteilen sich diese Bildungen auf die Jahre 747
—1059; dazu kommen noch verschiedene Beispiele in römischen Urkunden des neunten und zehnten Jahrhunderts. Eine
Stelle im Ordo processionis pontificalis Romanae aus der Zeit
Innocenz' I (Mabillon, it. Ital. II p. 128) 'vexilla quae bandora
vocantur' leitet uns zu den zahlreichen Belegen aus Schriftstellern des italienischen Mittelalters hinüber: toskanisch agora,
campora, gradora, latora, luogora, ortora, pratora, rivora[16]),
römisch migliara; arcora, bandora, censora, ficora, locora, ca-
pora, mulinora, sonnora, lenora, focora, ventora, collora und
sicilianisch focora, schiantora bei Ciullo d' Alcamo. In der
neueren Zeit beschränken sich solche Formen hauptsächlich
auf Rom und Sicilien: dort finden wir ficara, filara, migliara
(?) und arcora, fundora, ramora, in Sicilien ficara; sonura,
ortura und durch Analogiebildung nomira, logbira, ramira.
Aus Unteritalien ist mir nur ficura in einem Volksliede von
Gessopalena (Abruzzen) bekannt. Für Syntax und Lexiko-
graphie bietet namentlich Pott in dem erwähnten Aufsatze
ein reiches Material. Freilich bedarf es hier grosser Vorsicht,
um nicht die Fehler der Abschreiber mit denen der Verfasser
zu verwechseln; so kann ich den groben Germanismus minor
patri (hist. Langob. 4, 42) dem klassisch gebildeten Paulus

---

15) im J.1177 Muratori II, 2, col. 1012.
16) Demattio, origine, formazione ed elementi della lingua ital.
Innsbruck 1859 S. 76 f.

Diaconus nicht zutrauen. Zu einer wissenschaftlichen Bear-
beitung des langobardischen Lateins, die durch jene beiden
Sammlungen nicht überflüssig gemacht ist, wäre auch die
eigentümliche Mundart der lombardischen Kolonien auf Sici-
len, die noch Dumbard heisst, heranzuziehen (vgl. Gregoro-
vius, Siciliana S. 290 ff. und Vigo, canti popolari Siciliani.
2. A. Catania 1870 an mehreren Stellen).

An der Spitze der Quellen für das gallische Latein
stehen der Zeit nach die keltisch-lateinischen Inschriften,
von Becker in Kuhns und Schleichers Beiträgen zur vergl.
Sprachforschung III. IV 'fdazu Revue celtique II 99 und
Bonner Jahrbuch des Vereins für Alterthumsfreunde 1871
S. 184) gesammelt und besprochen. Hervorzuheben sind die
keltisierenden Nominative auf os, neben denen die lateinischen
auf us nur spärlich vorkommen: wir lesen Crispos Becker
Nr. 8 (a. O. III S. 165), Rhedinos bei Du Mége, archéologie
pyrén. p. 174 auf Steinen und in Töpferinschriften Asdesmios
Fröhner Supplement zum 13. Band des Philologus Nr. 159,
Aternos ib 181, Paterclos ib. 310, Sacrillos ib. 2003. Cottos
ib. 825. Simitios De Caumont, Bull. mon. 23, 366. Von den
rein keltischen Namen sehe ich dabei ganz ab[17]). Auf gleicher Stufe stehen die einheimischen Münzen mit lateinischen
Legenden, unter denen sich ebenfalls die Nominative auf os
finden. Ausser Julios bei Lewel, type Gaulois p. 285 ist bemerkenswert simissos publicos Lixovio d. h. semis publicus
Lixovio(ru)m bei Mommsen, Geschichte des röm. Münzwesens
S. 684 A. 69, wovon man auf einer ähnlichen Münze nur
mehr . . missos lesen kann (De Saulcy, Revue num. 1857,
403). Bei diesen Denkmälerklassen werden wir lebhaft an die
semibarbari Galli (Suet. Caes. 76) erinnert. Später, als die
Romanisierung des Landes so ziemlich vollendet war (Sidon.
Ap. ep. 3, 3 sermonis Celtici squamam depositura nobilitas
mit der Note Savaros), besserte sich das Verhältnis; dennoch

---

17) Das früher für keltisch-römische gehaltene Denkmal von Ni-
mes bei Becker III S. 164 Nr. 1 (vgl. IV S. 149), in dem die interessanten Formen matrebo (matribus) und dede (dedit) stehen, gilt jetzt
allgemein als keltisch. Wir sehen daraus, wie nahe das Keltische
damals noch dem Italischen stand; in der That kann man nur so die
beispiellos schnelle Romanisierung Galliens und Oberitaliens begreifen.

gab es ein gallisches Latein ebensogut als ein afrikanisches.
Zu den literarischen Denkmälern desselben kommen zahlreiche
leider noch immer nicht im Corpus Inscriptionum veröffentlichte Inschriften: überdies fliessen namentlich für das Spät-
gallische die Quellen reichlich. Da viele davon wenig bekannt sind, so glaube ich nicht den Raum zu verschwenden,
wenn ich sie kurz zusammenstelle: die berühmten Sammlungen von Pardessus und Marini vervollständigen Diplomata et
chartae merovingiae aetatis in archivo Franciae asservata,
Paris 1848, De Rozière, recueil général des formules usitées
dans l'empire des Francs du Vᵉ au Xᵉ siècle, Paris 1859—71
in 3 Bdn. und A. Boucherie, cinq formules rhythmées et asso-
nancées du VIIᵉ siècle, Montpellier 1867. Kleinere Schriften
kirchlichen und grammatischen Inhalts veröffentlichten P.
Meyer (recueil d'anciens textes bas-latins, provençaux et fran-
çais, Paris 1874—7 in 2 Bden.) und A. Boucherie (vita S.
Euphrosynae in der Revue des langues rom. 1871 p 23 ff.,
fragment d'un commentaire sur Virgile, Montpellier 1875 und
mélanges bas-latins, Montpellier 1879). Einer künftigen Mo-
nographie über das gallische Latein wird es also an Stoff
nicht fehlen; dass man aber berechtigt ist, ein solches Thema
aufzustellen, beweisen drei Notizen, an denen sich nicht rütteln lässt, während die mit falscher Bescheidenheit gespro-
chenen Worte des Panegyrikers Pacatus (1, 3) 'rudem hunc
et incultum Transalpini sermonis' nichts beweisen: Varro r.
r. 1, 32 ceteraque quae alii, legumina, alii ut Gallicani
quidam legaria appellant; Sulp. Sev. dial. 2, 1, 4: in sellula
rusticana, ut sunt istae in usibus servulorum, quas nos rustici
Galli tripetias[18]), vos scholastici aut certe tu, qui de Graecia
venis, tripodas nuncupatis, Consentius p. 394, 12 ff.: Galli
pinguius hanc (litteram I) utuntur, ut cum dicunt 'ite', non ex-
presse ipsam proferentes, sed inter E et I pinguiorem sonum nes-
cio quem ponentes. Auch die Worte eines Aquitaners zu einem
Gallier bei Sulpicius Severus (dial. 1, 27, 4) vel Celtice aut, si ma-
vis, Gallice loquere lassen keine andere Deutung zu. Aber
gerade die Weitschichtigkeit des Stoffes erschwert mir die

---

18) Halm hat mit Unrecht aus cod. V. tripeccias in den Text gesetzt, wie das kymrische tribedd und das kornische trebath (armor.
trebez, vgl. Diefenbach, Celtica I 150) beweisen.

Aufgabe, auch von dieser Mundart einige Proben zu liefern; überdies hemmt der Mangel einer abschliessenden Inschriftensammlung bei jedem Schritte. Dennoch glaube ich vorläufig folgende Resultate mit einiger Sicherheit aufstellen zu können: nur gallische Inschriften und Urkunden[19]) ziehen in lateinischen Wörtern OE zu I zusammen, wodurch Formen wie cipit Le Blant 91 (Ham bei Valognes J. 676) und opidiencia Pardess. 388, 19 (J. 677) entstehen. Sonst ist im allgemeinen zu bemerken, dass viele Abschleifungen, die bei den Italienern schon lange (gewöhnlich seit dem dritten Jahrhundert) in Gebrauch waren, in Gallien erst im sechsten oder siebenten Jahrhundert auftauchen; dahin gehört das ganze Gebiet der Konsonantenassimilation mit wenigen Ausnahmen (z. B. otim. Gruter 774, 11 aus Nemausus): mm = mb in concammio Pard. 440, 25 (J. 697), nur mit einem M Form. Bignon. 4 nu = mn in donnus der fränkischen Urkunden, s(ss) = bs vgl. sustancia Marini 65, 5 (gegen J. 657), ss(s) = sc vor e und i in requiisset Marini 67, 3 (J. 658) und nn = gn in cunnuscit Marini 145, 3 (J. 655) vgl. renante bei Neugart, cod. diplom. Alem. 19 (J. 754). Sogar das Umlauten von U zu I, das jetzt ganz Frankreich beherrscht, datiert hier erst aus dem 6. Jahrhunderte; das erste sichere Beispiel ist Augustudinensis bei Le Blant 8 (Autun 6. J.), woran sich die Münzlegenden Ludino (Catal. de lég. d. monn. mérov. Revue num. Paris 1840 Nr. 462) und Lodino (ib. Nr. 580) anschliessen[20]). Aus U, das älteres O vertritt, entsprang I in precatiria Pardess. app. 47, 17 (J. 724) und min., mio. oder mi. = monetarius im Catal. a. O. Nr. 897. 854. 436.

Etwas mehr wirft die Untersuchung der Formenlehre ab: über die Deklination haben wir ein eigenes Buch, D'Arbois de Jubainville, la déclinaison latine en Gaule à l'époque mérovingienne, Paris 1872. Es ist eine auffällige Erscheinung, dass die Zerrüttung der lateinischen Deklination zuerst in Gallien, da das von den Byzantinern beherrschte Afrika fast ganz in den Hintergrund getreten war, einen akuten Charak-

---

19) Die Handschriften schliesse ich bei allen Untersuchungen, weil sie mit allzuvielen Seh-, Hör- und Schreibfehlern behaftet sind, grundsätzlich aus.

20) Schuchardt, Vokalismus II S. 191 ff.

ter annahm, während sogar das Latein der Langobarden die
Kasus mit Ausnahme der Verwechslung des Akkusativs mit
dem Nominativ oder Ablativ rein erhielt. Von Spanien in
der Zeit der Westgothen gilt dasselbe wie von Italien. Besser wahrten die Gallier die Konjugation, wenn gleich nicht
wenige Formen von dem klassischen Gebrauche abweichen
z. B. steht obni für obii Le Blant 493 (Vaison J. 362?). 616
(Narbonne J. 568). 621 (ib. J. 687) und fiet für fit auf Münzen der Merowinger (Catal. a. O. Nr. 26. 124. 686. 737. 817),
sogar fietur (ib. Nr. 570). Jene Form gehört der lateinischen
Langue d'oc, diese der Langue d'oïl an. Ebenso verdop-
peln nur die nördlichen Gallier in der Endung der ersten
Person Pl. M[19]); bei Pardessus liest man iobimmus 440, 37
(J. 697). 496, 14 (J. 716). 497, 14. 25 (J. 716). 498, 21
(J. 716). iobemmus 424, 25 (J. 692). 425, 13 (J. 692). 429,
26 (J. 692). iobymmus 495, 23 (J. 716). diberimmus 495, 19
(J. 716). conservammus 498, 2 (J. 716). mancaepammus 498,
4 (J. 716). Auch später erscheint im Altfranzösischen diese
Verdopplung nicht selten, dagegen nehmen sie die Italiener
nur scheinbar in der ersten Pers. Pl. des Perfekts und Kondi-
cionalis vor, da sie dort auf Assimilation beruht.

So viel ich sehe, wird ein Versuch, die syntaktischen
Besonderheiten des gallischen Lateins festzustellen, reich be.
lohnt werden; namentlich die Anwendung mehrerer Partikeln
mutet uns fremdartig an. Der Aquitanier Sulpicius Severus
gebraucht si quoties im Sinne von si quando vita Mart. 21,
5. dial. 3, 6, 1, praeter für per chron. 1, 9, 5. 13, 5. 21, 4-
2, 48, 2 und cur für quod sogar dreizehnmal (vgl. Halms Index S. 274)[19a]). Salvianus von Massilia wendet admodum
in der Bedeutung von fere (vgl. den Index von Halm S. 173),
wobei er sich mit der Sprache der merowingischen Urkunden
und Rechtsformeln, aus denen Du Cange Belege anführt, berührt, und ćum enim gub. d. 1, 38 oder quippe enim gub.
1, 40 statt quippe cum an. Um auch die Lex Salica nicht
unberührt zu lassen, so fällt im Texte, wie er in der Pariser
Handschrift vorliegt, ganz besonders der Gebrauch von quid

---

19) Schuchardt I S. 261.
19a) Du Cange führt nur eine Stelle des Sardiniers Lucifer an,
von dessen Schriften wir noch keine kritische Ausgabe haben.

für quod auf; dieser Fehler erstreckt sich nämlich nicht blos
auf die relativische Verwendung, wofür sich zahlreiche Ana-
logien aus verwandten Sprachen beibringen liessen, z. B p. 124
Lasp. quid superius diximus, p. 132 eorum quid viderunt, sondern auch auf die Verbindung mit si (quidsi p. 124) und den
Ersatz des Akkusativ mit dem Infinitiv z. B. p. 126 si quis
alicui iure imputaverit quid periurasset. Wissenschaftlich
ausgedrückt, bildet aber quid eigentlich den lautlichen Uebergang vom lateinischen quod zum französischen que. Vom
lexikographischen Standpunkte interessieren uns besonders
zahlreiche Bedeutungsverschiebungen, deren genaue Erkenntniss freilich dem künftigen Thesaurus Latinitatis vorbehalten
bleibt; ich notiere nur iter agere Salv. gub. 1, 42. 6, 56. ad
eccl. 2, 40. Sulp. Sev. 1, 16, 2. 2, 11, 4. Mart. 12, 1. dial.
2, 3, 1; individui = familiarissimi Salv. eccl. 3, 37. ep. 1, 2;
calumnia = reprehensio Sulp. Sev. gub. 1, 2, 2; origo als
Quelle eines Buches Sulp. Sev. gub. 1, 10, 4; funesto = fu-
nere Salv. eccl. 3, 66. Die so beliebte französische Phrase
qu' est ce que? findet sich schon in der Historia Apollonii
Regis p. 8, 5 quae est haec causa quod cod. A., p. 22, 4 quid
est hoc quod, dagegen nach dem klassischen Sprachgebrauche
p. 23, 1 quid est quod [20]); jener Roman stammt um so wahr-
scheinlicher aus Gallien als die französischen Wendungen habet annos quindecim ex quo (il y a) p. 36, 2 und consuetu-
dinem habet (il a la coutûme) p. 36, 10 cod. γ in ihm sich
finden. Auch bei Gregor von Tours und in den fränkischen
Urkunden [21]) gibt es schon spezifisch französische Formen,
wie natta (frz. natte) = matta (Greg. Tur. de vitis patrum 18)
und quesnetum = quercetum (altfrz. caisne, quesne, chesne);
letzteres erscheint, später zu casnetum umgestaltet, nicht selten als Ortsname im nördlichen Frankreich und in Belgien
und ist im Laufe der Zeit in Quesnoy, Chesny, Quennois
u. dgl. übergegangen. Eine andere lokale Form eines Baum-
namens liegt in dem alten Namen des Dorfes Norroy-le-Sec
bei Conflans vor, welches in Urkunden des siebenten Jahrhunderts Nugaretum „Hain von Nussbäumen" heisst; denn

20) Vulg. Exod. 1, 18 quidnam est hoc, quod facere voluistis?
kann anders gedeutet werden.
21) Schuchardt I S. 94.

frz. noyer (Nussbaum) geht auf ein gallisch-lateinisches Wort nucarius zurück, das aber blos in einer mittelalterlichen Urkunde des Tabularium S. Cypr. Pictav. fol. 47 nachweisbar ist. Man sieht daraus, dass auch die Ortsnamen die Beachtung der Latinisten und Romanisten in höherem Grade verdienen als sie ihnen bisher zu Theil geworden ist; ich verweise hier nur auf den Anzeiger für Kunde der deutschen Vorzeit 1878 Sp. 136 ff. 170 ff., wo der Leser die einschlägigen französischen Werke angeführt findet.

Fragt man dann nach Unterdialekten des Gallischen, so haben wir in mehreren Fällen auf den Unterschied des Nordens und Südens der Provinz hingewiesen; wenn aber die Inschriften einmal vollständig vorliegen, so wird es gewiss möglich sein, Beobachtungen, wie sie die Epigraphiker, vor allem Le Blant in der Einleitung zum zweiten Bande der christlichen Inschriften über die auf gewisse Gegenden beschränkte Anwendung einzelner Formeln gemacht haben, auf das rein sprachliche Gebiet auszudehnen. So hat Herr Dr. Nikolaus Müller patres in der Bedeutung von parentes nur auf den altchristlichen Grabsteinen von Trier und dessen nächster Umgebung, hier aber nicht weniger als vierzehn Mal gefunden.

Schuchardt (I S. 87) will endlich verschiedene Lauteigentümlichkeiten des Französischen auf das Keltische, also zunächst auf das Latein der Kelten zurückführen; aber teils beschränken sie sich nicht blos auf die Keltenländer, wie die auch im Portugiesischen beliebte Attraktion von I, teils stimmen die beiderseitigen Erscheinungen nicht genau überein. Bei der Vokalisierung von C vor T zu I bemerke man, dass sie für das Französische erst in Glossen des neunten und zehnten Jahrhunderts nachweisbar ist; in althochdeutschen Glossarien findet sich nämlich truita oder troita. Dieselben Bedenken müssen wir auch Ascolis Aufstellungen in der lettera glottologica entgegentragen, wenngleich ein Einfluss der Rasse auf die Lautverhältnisse nicht geleugnet werden soll; nur bedarf es hier der grössten Vorsicht.

Wie noch jetzt die spanische Sprache der lateinischen sehr nahe steht, so war es auch in der Kaiserzeit, ja in noch höherem Grade mit dem spanischen Latein der Fall[22]). Als in Italien, wenigstens, was die grösseren Städte und die Hafenplätze betrifft, durch das Zusammenströmen von Provinzialen aus allen Gegenden des römischen Reiches, unter denen sich nicht immer die besten und gebildetsten Elemente befanden, die Reinheit der lateinischen Sprache grosse Einbusse erlitten hatte, da klang sie in Spanien noch verhältnissmässig urban. Dass wir dieses Lob auf Grund der zahlreichen Inschriften im zweiten Bande des Corpus Inscriptionum Latinatinarum, wozu Hübners Inscriptiones Hispaniae Christianae aus dem fünften bis achten Jahrhunderte ergänzend hinzutreten, mit Recht der Umgangssprache und nicht etwa der Schulbildung der Hispanier erteilen, beweist ausser den Inschriften der Christen, die ohne Zweifel gleich denen der anderen Länder der Masse nach gelehrter Bildung ferne standen, gerade die heutige Sprache, wie sie nicht blos die gebildeteren Stände in Castilien gebrauchen. Es äussert sich vielmehr hierin der konservative Zug des Nationalcharakters, der sich in Wissenschaft, Handel und Gewerbe (nur leider nicht im politischen Leben) zeigt und teilweise eine Stagnation hervorgerufen hat. Ich möchte an dieser Stelle hervorheben, dass man mit Unrecht als Grundbedingung für die reine Erhaltung einer Sprache die Reinheit des Blutes aufstellt. Heutzutage steht nicht die Mundart einer latinischen Stadt dem klassischen Latein am nächsten, vielmehr könnte sich Cicero, wenn er auflebte, mit den Bauern des sardinischen Berglandes, deren Ahnen er so sehr verachtete, am leichtesten verständigen. Der beste Beweis dafür ist, dass unter den geringen literarischen Denkmälern des Sardinischen Gedichte, die zugleich rein sardinisch und rein lateinisch sind, stehen. Die römischen Inschriften Spaniens sind also im allgemeinen korrekt geschrieben; eine nennenswerte Anzahl von Belegen findet man nur für wenige Lautveränderungen: $U = O$ C. I. II in Endungen sechzehnmal, neunmal in christlichen Inschriften und einmal fraglich, I. Christ. 175 annu; sonst lature C. 5418, marmuris 7647, Muntane 3808, siebenmal christlich, I. Chr. fünfmal; $U = I$ im C. ausser Maxum. viermal, I. Chr.

---

22) Das älteste allerdings nicht ganz sichere Zeugniss für seine Existenz ist Cic. pro Archia 10, 26.

nur buc? 110 und durch Assimilation obtutubus 149; $U = Y$
vierundzwanzig-, dagegen $I = Y$ siebzehnmal; $P = B$ vor
einem Konsonanten: obsequens 3497. optulit 2210 und wieder-
holt pleps. Ausstossung von N vor S: im Corp. inscr.
20-mal heidnisch und zehnmal christlich; in den I. Chr.
nie; Abfall von M: im C. dreiundzwanzig heidnische und zwei-
undzwanzig christliche Beispiele, in I. Chr. elf; Vorsetz-
ung von I vor S impurum, erst in der christlichen Zeit:
C. I. II 1720 ispiritus, 7418 ispiretus, 1706 Istercoria, I. Chr.
2 ispiritum, 82 Istorna?; endlich Unsicherheit in der Verdopplung der Konsonanten, wobei die christianisierten
Hispanier die einfachen Konsonanten vorziehen.

Erst die Germanenherrschaft verschlechterte, wie überall
die Aussprache. Jetzt tauchen zum ersten Male in spanischen
Inschriften und Urkunden Verwechslungen mancher Laute auf,
bei denen andere Länder schon lange mit dem schlechten
Beispiele vorangegangen waren; erst hier finden sich Belege
für folgende Fehler der Aussprache: $O = A$ Covadefonga España sagra 37, 303 f. 305 (J. 740/41), coba ib. 339 (J. 891);
$I = U$ ausser den nicht unrichtigen Formen harispex und
monimentum Furtini Esp. sagra 34, 444 (J. 917), Tir(a)s(o)nai,
Tira(s)ona Münzen von Rekkared und Svinthila Florez III 211.
242. $E = Y$ Cepriano Inschr. in Esp. Sagr. 12, 405 (Martos,
Andal. 8. Jahrb. n. Chr.) $E = OE$ seit dem 7. Jahrhundert
I. Chr. 1. 86. 158. $V = B$ C. I. II 2705 ('infimae aetatis')
I. Chr. 12 devitum. 139 Savinus. Ti wird erst im 7. Jahrhundert, am spätesten von allen Provinzen, assibiliert; $N(N)$
$= MN$ danandus Esp. sagra 18, 307 (J. 775); scanos ib. 37,
308 (J. 780); $N(N) = GN$ sinum Esp. sagra 18, 307 (J.
775)[23].

In den bilinguen Inschriften kommen ausserdem manche
Singularitäten vor, z. B. est = et C. I. II 416. Schuchardt (I
S. 86 f.) ist geneigt, zur Erkenntnis der iberischen Aussprache
die lateinischen Wörter der baskischen Sprache heranzuziehen;
zu dem, was er gibt, füge ich als Eigentümlichkeiten des Baskischen die Assibilation von T nach L, also multsu (multus)
und altza (altus) und den Vokalvorschlag vor R, den das La-

---

23) Das Spanische hat noch jetzt diese Verbindung meistens un-
versehrt erhalten und sie nicht mouilliert.

teinische nur vor S impurum kennt, (z. B. erreina = regina; errenju = regnum) hinzu. Er hat aber übersehen, dass z. B. der Diphthong UE erst etwa um das Jahr 1000 in Spanien auftritt und überdies im Baskischen nicht häufig ist; dann kennen wir abgesehen von einigen wohl apokryphen nur mündlich überlieferten Liedern keine alten Denkmäler des Baskischen Die Lauterscheinungen, um die es sich handelt, können also eben so gut erst durch die spanische Herrschaft zu den Basken gekommen sein, wie eine Sprache oft die Aussprache einer benachbarten, die nicht mit ihr verwandt zu sein braucht, beeinflusst. Nicht besser steht es mit den Aehnlichkeiten des Sardischen und Spanischen (Schuchardt III S. 37); hier soll nämlich die Identität der alten Bevölkerung im Spiele sein. Ich will gar nicht darnach fragen, ob die alten Sarder wirklich zu den Iberern gehörten; aber wie viele Berührungspunkte bleiben übrig, wenn wir die gemeinsamen Latinismen und die Nachwirkungen der arabischen und spanischen Herrschaft in Abzug bringen? Schwerlich mehr als der blosse Zufall hervorgerufen haben kann.

Als Proben für die Formenlehre mögen quai, Dativ des femininen Relativs (C. I. II 89), der Genitiv Mercuris (ib. 6278) und das angebliche Perfekt feret = tulit (ib. 8773) dienen; letzteres ist indessen wahrscheinlich nur eine eigenartige Form des historischen Präsens.

In der Syntax wird mit der Zeit gewiss allerlei zu Tage kommen, obgleich die spanischen Schriftsteller, Christen wie Heiden, grösstenteils eine gründliche Bildung genossen haben; so gebrauchen nur Seneca (ben. 5, 20, 2. ep. 81, 22) und Quintilian quemadmodum zur Anführung eines Beispiels (s. Bonnell, lexic. Quintil. p. 737).

Isidor und die Inschriften (vgl. Hübners Index S. 779) bieten uns eine Reihe hispanischer Wörter, die zum Teil noch jetzt dem Spanischen eigen sind, z. B. kehrt paramus Einöde C. I. II 2660 im spanischen paramo wieder. Nach Plin. n. h. 29, 92 hiessen die weissen Ameisen in Hispania Baetica salpugae. Ausserdem muss man noch auf die Verschiebung der Synonyma achten; nach Wölfflins Beobachtung drängte das Wort exigo anfangs hauptsächlich in Spanien die Synonyma postulo und posco gerade in den Formeln, in denen bei den Classikern die letzteren stehend sind, zurück. Schon in Se-

necas Briefen überwiegt exigo bei weitem (vgl. res, usus ex.
26, 10. 50, 6. 61, 3. 76, 27 u. s. w. noch öfter ratio exigit);
der Spanier Mela setzt es ebenfalls für posco 1, 60 (ubi nego-
tinm e.). 2, 58 (ordo e.). 3, 34, sehr oft Columella (Wölfflin,
Rh. Mus. 1882 S. 105), endlich auch Orosius z. B. 1, 1. Infolge dessen gingen posco und postulo im Volksmunde ganz
verloren, letzteres erhielten die Spanier nur als kirchenrecht-
lichen terminus technicus und bei den Franzosen führte es
erst Pierre Bersuire, der Uebersetzer des Livius, wieder in
die Schriftsprache ein. Für die Gestalt des Spanischen, wie
es sich unter der Westgothenherrschaft entwickelte, besitzen
wir unglücklicher Weise nur wenige, noch gar nicht aus-
gebeutete Quellen; unter anderem führt von der lateinischen
Mundart zur selbständigen romanischen Sprache ein arabisch-
lateinisches Glossar, über das man Böhmers romanische Studien I S. 221—30 einsehen möge.

Von dem Latein der afrikanischen Schriftsteller wird
unten noch ausführlich die Rede sein, während ich hier nur
einige aus den Inschriften und Grammatikern geschöpfte Bemerkungen über die Aussprache geben will, ohne mich durch
die pessimistischen Anschauungen Hoffmanns (Index grammaticus ad Africae titulos Latinos, Argentor. 1878 p. 6) abschrecken zu lassen. Bei genauer Betrachtung unterscheidet
sich jene wesentlich von der anderer Länder: so ist der sonst .
überall so häufige Wechsel von U und O sehr selten, zumal
in Flexionen, wo U für O nie und O für U nur zweimal und
blos in Numidien (titulo C. I. VIII 2088 und laboribo 4354 †)
eintritt. Der Diphthong AU wird abgesehen von den Namen
Clodius und Plotius, deren Träger sie aus Italien mitbrachten,
nie zu O kontrahiert, gewiss ein merkwürdiges Faktum, zu
dem es passt, dass in dem gegenüberliegenden Sicilien der
Diphthong noch während des Mittelalters sich zum Teil erhielt, z. B. sagt der älteste italienische Dichter Ciullo d'Alcamo (um 1180) auro. Ebenso sprachen die Afrikaner die
Endung der 3. P. Sg. Perf. nie weich. In so weit steht das
Afrikanische der Klassizität näher als andere Mundarten; positiv unterscheidet es sich aber dadurch von ihr, dass es Y
durch EU ersetzt (Chreusis VIII 1168, 3; ?Seurus 133, 2)
und MN nicht zu NN, das die übrigen Länder vorziehen, sondern zu MM (M) kontrahiert, vgl. Volumius 2482. Volum-

mia 6929. Ein Seitenstück dazu bildet nur das irisch-lateinische immun = hymnus. Schon Hoffmann (S. 52) hat beobachtet, dass CR statt TR, was die historische Zeit anlangt, blos im Afrikanischen (Aucronia 654. macri 373, 4) vorkommt[24]; dagegen setzen die Italiener und die lateinisch sprechenden Franken CL statt TL (Schuchardt I 159 ff. III 82 ff)[25]). Corssen (Vokalismus I[2] S. 59) wurde durch sch echt kopierte Inschriften zur Behauptung verleitet, die Assibilation von T und C sei in Afrika zuerst aufgekommen und dort heimisch geworden. Auf Grund der kritischen Ausgabe der Inschriften stellt sich jetzt heraus, dass im Gegenteil die Afrikaner C nic assibiliert haben; die gleiche Aussprache des T kommt nur in Mauretania Caesariensis und auch hier nur vor Vokalen vor, wie Marsalis 9942 (spät), Marsus 9751 (J. 442) und Terensus 9927 (spät) beweisen. .

Ausserdem sind wir aber so glücklich, eine verhältnismässig stattliche Reihe von Angaben der Grammatiker zu besitzen. Im allgemeinen tadeln sie an den Afrikanern die Vernachlässigung der Quantität: Consentius p. 392, 3 f. ut quidam dicunt 'piper' producta priore syllaba, cum sit brevis, quod vitium Afrorum familiare est; ib. pag. 392, 11 f. ut si quis dicat 'orator' correpta priore syllaba, quod ipsum vitium Afrorum speciale est vgl. August. enarr. in psalm. 138, 20. Dazu stimmt es ganz gut, dass die spätafrikanischen Dichter durch eine bedenkliche Unsicherheit bezüglich der Quantität unter ihren Kollegen hervorragen; dieser nationale Mangel hat auch die zwei bedeutendsten Handbücher der Metrik in lateinischer Sprache, die des Marius Victorinus und Terentianus Maurus hervorgebracht. Sonst stimmen die Grammatiker in der Klage über den Labdacismus überein. Isid. origg. 1, 31, 8: labdacismus est, si pro uno L duo pronuntientur, ut Afri faciunt, sicut colloquium pro coloquium[26]), vel quoties unum L exilius, duo largius proferimus, quod contra est. Nam unum largius, duo exilius proferre debemus; Pompej. comm

---

24) Das pälignische sacaracirix würde, auch wenn die Identität der Suffixe nachgewiesen wäre, als unlateinisch diese Aufstellung nicht umstossen.

25) Auf Genecli im Kal. Karthag. ist kein Verlass.

26) So ist für conloquium zu schreiben; bekanntlich verkürzte die Umgangssprache oft con zu co.

art. Donat. p. 286, 34 ff. Labdacismus est ille, qui aut per
unum L fit aut per duo; sed per unum, si tenuis sonet, per duo,
si pinguius sonet. Puta 'llargus'; debemus dicere 'largus',
ut pingue sonet; et si dicas 'llex', non 'lex'; vitiosa sunt
per labdacismum. Item in gemino L si volucris pingius sonare,
si dicamus 'Metelus, Catulus'. In his enim agnoscimus gentium
vitia; labdacismis scatent Afri, raro est, ut aliquis dicat L;
vgl. Consentius p. 394, 27. Die Inschriften Afrikas bieten
in der That eine ansehnliche Zahl von Beispielen (Hoffmann
S. 57) sowohl für die falsche Verdoppelung von L als für den
umgekehrten Fall, den das Streben, gebildet zu schreiben,
veranlasste. Wenn nun ein Gallier und ein Spanier überein-
stimmend versichern, gerade die Afrikaner hätten so gesprochen, so müssen wir diese Nachricht über die lebendige Um- ·
gangssprache, von der wir ohnedies so wenig sichere Zeugnisse haben, dankbar annehmen und dürfen nicht die Inschriften, die doch immer ein getrübtes oft nur negatives Bild der
Aussprache geben, zumal auf dem unsicheren Gebiete der
Konsonantenverdopplung gegen die Grammatiker ins Feld
führen. Von einem anderen Standpunkte ist Isidors Notiz
(III app. p. 504 Arev.) zu beurteilen: Birtus, boluntas, bita
vel his similia, quae Afri scribendo vitiant, omni modo
reicienda sunt et *non per B, sed* per V scribenda (mit
Ausnahme der kursiv gedruckten Worte in den Glossen bei
Mai, Class. auct. VI 580 excerpiert). Wie bereits in der
Einleitung bemerkt worden, läugnet Isidor mit diesen Worten
keineswegs, dass der nämliche Lautübergang auch in anderen
Provinzen vorkomme, sondern er spricht als Spanier, dem
derselbe völlig fremd ist. Immerhin erscheint V durch B in
Afrikanischen Inschriften ungewöhnlich häufig ersetzt und es
ergibt sich dabei nur eine geringe Differenz zwischen den
heidnischen und den christlichen Inschriften, während sonst
hauptsächlich letztere den Uebergang zeigen. Man vergleiche
folgende Zahlen: in Byzacene steht B für V einmal auf einem
heidnischen Denkmal, dreimal auf christlichen, im eigentlichen
Afrika elfmal (dazu einmal unsicher) und zwölfmal, in Numidien neunmal und siebzehnmal, dagegen in Mauretanien,
dessen Dialekt auch hier sich von dem afrikanischen
und numidischen scheidet, nur einmal und dreimal. Wem
blos etwa der sechste Teil der afrikanischen Inschriften zu

Gebote stand, wie Hoffmann, sollte sich doch besinnen, ehe
er über die Nachricht eines Grammatikers kurzweg den Stab
bricht (a. O. S. 6. 80).

Zum Schlusse soll auch Italiens, das keineswegs das
Latein in der alten Reinheit bewahrte, gedacht werden; namentlich in den Inschriften der Katakomben tritt uns eine
sehr gemischte Gesellschaft entgegen, die zum Teil das
schlechteste aus dem Altertum überlieferte Latein schreibt.
Italien scheint sich von den Provinzen durch einige Abweichungen der Aussprache und Formenlehre zu unterscheiden.
$I = A$ ist vorläufig innerhalb lateinischer Wörter nur in
Italien nachgewiesen; Belege für Tarricin - gibt Schuchardt I
S. 193, wozu Tarriciu. Henzen 6484 kommt, dann Tiracon.
Grut. 437, 7 $=$ Tirac. ib. 1028, 6 (Reate), cistitatis Passion.
12, 47, freilich ohne kritische Gewähr. Das gleiche gilt von
$M = B$ (später auch in Irland) [27]): Alcimiades Murat. 1293, 10,
amnegaverit Orelli 1175 (bei Rom), sumiacente (Fabr. II 155),
cumito (ital. gomito) Gloss. Sangall. oder gomitum Leg.
Langob. S. 79 Vesme, scamillarii Gruter 467, 7 (Spoleto),
globus non glomus App. Prob. 198, 8, vgl. ital. Giacomo,
trementina, vermena u. s. w. Auslautendes NT wird nur in
Italien durch nasales M ersetzt[28]): fecerum I. N. 2037 (Nola).
2775. 2824. 7197. Gruter 686, 3 (Rom). Perret catac. de
R. 5, 29, 68, Orelli-H. 7360 (Rom); convenerum Marini atti
t. 40 a 21 (J. 218); comparaverum Fabretti 5, 11; emerum
Bold. 53 b 6; posuerum ib. 381, 1; dedicarum Orelli 3740
(bei Lanuvium); comparabirum und commendaberum Lupi
p. 24 (Tibur J. 613). D fällt zwischen Vokalen aus[29]): prie
Rossi I 223 (J. 371). 379 (J. 389). 497 (J. 401). Mur.
1921, 8; Heliorus Rossi I 937 (4. Jahrh.); Theosio ib. 661
(J. 430), Theosius Malvas. marm. Fels. S. 606. Die Assibilation von C und T kam wahrscheinlich unter dem Einflusse
der alten Lokalmundarten zuerst zu Rom in die Inschriften;
wenigstens sind, wenn auch nicht Crescentsian(us) Gruter 127,
7, 1 (J. 140), so doch ocio ib. 462, 1 (J. 389) und aecletiae
einer christlichen Inschrift aus der Umgebung von Brindisi

---

27) Schuchardt I S. 181 f. A.
28) Schuchardt I S. 117 f, III S. 61.
29) Schuchardt II S. 509.

(Revue critique 1882 S. 260) die ältesten nicht ganz unsicheren Beispiele, die sich chronologisch bestimmen lassen. Dann folgen im fünften Jahrhundert Gallien mit obscrvasione Le Blant 18, Constancius und milicie 223 und, wie erwähnt, Mauretanien, weshalb der Gallier Consentius und der Mauretanier Pompejus ihren Landsleuten ausdrücklich die reine Aussprache des T empfehlen. Oberitalien schliesst sich erst im sechsten Jahrhunderte mit *ναγουζατρο* und *πορεζονε* Marini 93, 83. *πρεχειω* ib. 122, 81 (J. 591), Spanien, wie es scheint, erst im Zeitalter des Isidor der Bewegung an. Afrika bleibt dagegen ganz aus dem Spiel [30]). Jedenfalls gehört die Assimilation von zwei Konsonanten in grösserem Massstabe zuerst Italien an; MB wird zu MM: commusta Rev. Arch. Par. n. s. 5, 254 (Vicarello), commurat Orelli-H. 6404 (Rom), MN zu NN(N)[31]): solennis öfters, Antennius Mur. 779, 6 (Präneste), donae (Torremuzza I. Sic. IV 34 (Catana unter Konst. dem Gr.), Volunilla Bull. arch. nap. n. s. II 136, 30, danna (Fleetwood 459, 1, 20, umgekehrt amnus = annos I. N. 1307 (Eclanum †) vgl. alonnus C. I. III 2240 (Salona). SS (S) = PS (in lat. Wörtern)[32]): suscripsi I. N. 2558 (bei Cumä J. 289), suscriptione Orelli 3238 (Tusculum vgl. Henzen S. 309), scrisi Bold. 407a 2; SS (S) = SC vor E und I[33]): requiesit Philol. 21, 571, 1 (Puteoli), Cresentia Mur. 1878, 7, Cresentis ib. 1168, 4, Cresentiano I. N. 388 (Potentia), Crexes I. N. 3369 (Neapel) vgl. cresseret Grut. 408, 1, 6 (Tergeste 2. Jahrh.); NN (N) = GN[34]): Annes Garrucci, vetri 21, 1. 2. Anne ib. 22, 2. 3. 4; connato Mur. 1536, 9. Mus. Ver. 290, 5; ?Muannentio Rossi I 111 (J. 351); zinnum Bold. 429a 1; Ane Garrucci, vetri 21, 3; mana Orelli 1175; Pelinam I. N. 5473 (bei Superaequum J. 271); propunatori Cohen méd. imp. 4, 393, 361 (Gallicnus), vgl. eine christliche Inschrift Afrikas VIII 1389 Enatianus.

---

30) Während der syrisch-griechische Dichter Commodian sonst seinen afrikanischen Amtsbrüdern so nahe steht, dass man ihn als Quelle der Africitas betrachten darf, hat er in dem Akrostich concupiscenciae (instr. 2, 23) die Aussprache seiner Heimat bewahrt.

31) Schuchardt I S. 146 f.

32) Schuchardt I S. 148 f.

33) Schuchardt I S. 145.

34) Schuchardt I S. 115 f.

Ausserdem besitzt der italienische Dialekt mehrere ungewöhnliche Formen, z. B. simitur = simitu Orelli 2863 (Florenz vgl. Ritschl, Anthol. Lat. coroll. ep. p. XI u. Rh. M. 14, 399). I. R. N. 423. Nach Corssen (krit. Beiträge S. 400) ist hier altes -s zu -r geworden, was schwer glaublich ist; näher liegt es, an eine Einwirkung der Adverbia auf -ter zu denken. Aehnliche Analogiebildungen sind δευρων (deurom) Rossi I 11 (J. 269) oder diorum (Bold. 429, 3) = dierum und μησωρων Lupi p. 125 = Rossi I 11 (J. 269), mesorum I. R. N. 3160, mesoru Fabretti 5, 282, μησωρουμ Lupi p. 191 oder misoro Rossi I 18 (J. 291) = mensium. Es ist aber bei simitur auch möglich, dass R nicht ausgesprochen, sondern von dem Schreiber fälschlich hinzugefügt wurde, wie die Italiener umgekehrt sorus für soror schrieben. Dieses bildete man der Uniformierung wegen in sora (ital. suora) um, das schon bei Muratori 1505, 1. 1907, 8 vorkommt, aber nicht bei Marini atti p. 170, 5, wo durch Hemigraphie cum sore sua auf dem Steine steht. Erst spät wird oportet in oportum est aufgelöst vgl. Muratori antt. Ital. V 367, 40 (Lucca J. 685). Sonst erwähne ich, dass die italienische Ersetzung von pro durch per schon in alte Zeit zurückreicht; Gruter 34, 4 steht nämlich per Fl. Alexandro patre im Sinne von pro Fl. A. p. Den Anstoss dazu dürfte das Umbrische, das pro immer lokal, dagegen in der Bedeutung „für" stets per gebraucht, gegeben haben.

Der Süden Italiens scheidet sich wie jetzt einigermassen von Mittelitalien; jedoch wird erst die Publikation aller Inschriften Italiens eine Sonderung der Mundarten ermöglichen. Ich will daher nur darauf aufmerksam machen, dass zwei Eigentümlichkeiten der heutigen Mundart Neapels in den Inscriptiones regni Neapolitani häufig auftreten: E ersetzt nämlich sehr oft kurzes I und zusammenstossende Vokale werden durch V getrennt.

Wenn wir nun die Provinzialmundarten gruppieren wollen, so werden wir zunächst darauf geführt, die Keltenländer Gallien und Oberitalien zusammenzustellen; in der That ist es auffallend, dass noch heutzutage die Lombardei und Piemont einerseits und das einst von Keltiberern bewohnte östliche Spanien (Katalonien, Aragonien, Valencia uud Murcia) andererseits sich der Sprache nach enge an Frankreich anschlies-

sen [35]). So verbinden Frankreich und Oberitalien die Laute Ü
und Ö, die dem Italiener ganz fremd sind; beide nasalieren
mit Ausnahme der germanisierenden Ostlombarden N [36]),
stossen T zwischen Vokalen aus und erweichen es in Suffixen
regelmässig zu D, sie assibilieren C nicht so energisch, wie
die Italiener, sondern sprechen es wie weiches S. Endlich
lieben sie den konsonantischen Auslaut. Eyssenhardt (S. 141)
bringt im allgemeinen gegen die Zurückführung auf die Kelten vor, die galloitalischen Dialekte reichten weit über den
Rubiko; thatsächlich umfassen sie noch das Land der Senones,
die unmöglich im Jahre 283 vor Christus mit Stumpf und
Stiel ausgerottet wurden. Ausserdem bildet, wie überhaupt
die Grenzen von Mundarten nie scharf bestimmt werden können, die Sprache der nördlichsten Striche Picenums ein Mit-
telglied zwischen den emilianischen und mittelitalienischen
Dialekten. Ueber die Südgränze fehlen keineswegs „alle
Nachrichten"; wenn Eyssenhardt die weitverbreitete Sammlung der italienischen Volkslieder von Comparetti und D'Ancona
gekannt hätte, so würde er im vierten Bande, der die piceni-
schen Volkslieder enthält, einen mittelitalienischen Dialekt gefunden haben. Doch kehren wir von der Bekämpfung dieser
Pseudogelehrsamkeit zu unserem Thema zurück; da jene Laut-
verschiebungen in den römischen Inschriften, vielleicht auch
in den fränkischen Urkunden nie auftreten, ja, wie z. B. die
Anwendung von Ö und Ü erst dem Mittelalter [37]) angehören,
so müssen die Uebereinstimmungen durch die Nachbarschaft
erklärt werden, wobei allerdings die ursprüngliche Stamm-

---

35) Vgl. Stier, Ztsch. f. Altertumsw. 1851 Sp. 471 und Eyssenhardt, Römisch und Romanisch S. 140 f.

36) Eyssenhardt (a. O.) bringt dagegen vor, 1) dass Varro und
Nigidius ein nasales N erwähnen; offenbar handelt es sich dort um
die bekannte Aussprache des N vor Gutturalen. (Vgl. Ritschl, Opusc.
IV 144; Corssen, Aussprache I S. 260); 2) dass auch das Sardische
N nasaliere; aber dies gilt nur von Sassaris Dialekt, dessen Einwohner keine Sardinier, sondern Eingewanderte sind. Ueberhaupt darf
man die Mundarten der Küste, die vielfach im Mittelalter kolonisiert
und von den Genuesen beeinflusst wurde, nicht Sardisch nennen;
dieses ist die Mundart des Innern und wird am reinsten auf der Hoch-
ebene von Logudoro gesprochen.

37) In Picmont stammen die ältesten Beispiele aus dem Jahr 1400.

verwandtschaft fördernd wirkte. Bis jetzt sind keine Berührungspunkte zwischen gallischen und oberitalienischen Schriftstellern nachgewiesen, aber es müssen sich manche finden
lassen. Ich habe ohne mühevolles Suchen bemerkt, dass
Salvianus (gub. d. praef. 4) und Venantius (Index von Leo
S. 416), wie die Franzosen salut, salus ganz frei für salutatio
anwenden.

Erst in der christlichen Zeit, also etwa seit dem dritten
oder vierten Jahrhunderte, wuchs Oberitalien auch sprachlich
mehr mit Italien zusammen, was sich unter anderem in der
Gemeinsamkeit eines Lautwechsels kund gibt: L tritt nämlich für R ein (vgl. Schuchardt I 136 ff.) besonders in Pelegrinus
(ital. pellegrino) Rossi I 144 (J. 360). S. 311 b (Pisaurum
4. Jahrh.), Pelegrinna Mus. Ver. 261, 12, Pelegrinu Margarin.
I. Bas. s. Paul. 132, Pelegrini Mai I. Chr. 235, 2 (Anagnia
9. Jahrh.) — peleger C. J. V 1703 †, Pelegrino Marini 114, 8
(Ravenna J. 539 oder 546), Pelecrinus Mai I. Chr. 188, 1
(Verona, sehr spät).

Sonst schliessen sich Italien, Oberitalien und Gallien zu
einer Gruppe zusammen: auf diese Länder treffen weitaus
die meisten Beispiele der Verwandlung von E in I (C. I. II
achtmal und blos in Namen, I. Chr. viermal [37]) und C. I. VIII
zweimal in einer Inschrift von Tunis Nr. 10525 und viermal
aus Numidien), von O zu U in Endungen und U zu O in
Stammsilben, was im Italienischen regelmässig und im Altfranzösischen sehr oft eintritt. Das gleiche gilt von der
Diphthongisierung des betonten E zu IE (C. I. II dreimal
iensis, I. Hisp. Chr. nie, C. I. VIII nur Nr. 32) [38]), der Erweichung des Konsonanten T am Wortschlusse (C. I. II nie,
I. Hisp. Chr. nur floread 55, C. I. VIII ed † 4770 und fecid
3028 aus Numidien) und der Ersetzung des auslautenden M
durch N (ohne Ausnahme). Weiteres wird sich erst nach
Veröffentlichung der gallischen Inschriften ergeben. Diesen
Provinzen gegenüber stehen Spanien und Afrika, vor allem
durch die Verschiedenheit der Komparation gesondert. Nach
der wichtigen Entdeckung Wölfflins (Komparation S. 29 f. 34)
schieden sich nämlich die Nationen durch die verschiedene

---

[37]) Griechische und germanische Namen zählen nicht mit.
[38]) Dieo VIII 9181 erweckt kein Vertrauen.

Umschreibung des Komparativs: die Franzosen gebrauchten dabei seit dem fünften Jahrhundert, die Oberitaliener seit dem sechsten (Venant. v. Mart. 1, 55 plus aqua frigidior, dann Leges Langob. p. 146 Vesme plus crudeliter, was die etwas späteren Glossae Epored. (p. 220 Vesme) mit plus male erklären) und die Italiener wahrscheinlich seit der Karolingerzeit plus [39]); dagegen wenden die Spanier noch immer magis an, wie es schon Plautus gethan, während die Afrikaner den Mittelweg einschlugen, jedoch plus viel seltener gebrauchten. Erwähnung verdient, dass auch innerhalb des Spätgriechischen der Dialekt Mysiens, der auf den Stil des Agathias wirkte, durch den Gebrauch ⸗von πλέον sich aus der Zahl der übrigen aussondert. Ueberdies haben Spanien und Afrika die Epenthese von A gemeinsam; man vergleiche l. Hisp. Christ. 10 exspectara (= spectra) mit Geramanila C. I. VIII 7937. Bei der Komparation sehen wir aber, dass sich Afrika doch auch Italien nähert; dazu stimmt eine Notiz, die in Quaestiones Grammaticae bei Hagen, Anecdota Helvetica p. 176, 29 ff. begraben liegt: loco est, id est 'ibi est' ideo significare 'commodum' censui, quia nos adverbio huiuscemodi non solemus uti, cum tamen et Afri et Romani et omnes Itali atque Beneventani tritum .id habeant et assidue terant etiam in locutioni communi. Dicunt enim, cum videre mittuntur de quolibet homine vel de qualibet creatura vel inanima vel animata 'loco est', 'loco sedet', 'loco iacet'. In der That finden wir im Alttoskanischen loco und im Neapolitanischen logo mit der Bedeutung „hier". Jene geographische Bestimmung des Anonymus wird aber nur verständlich, wenn wir uns erinnern, dass in der Karolingerzeit Italien in das Königreich Italia, das Patrimonium Petri und das Herzogtum Benevent zerfiel. Wir haben also in jener Notiz die späteste Erwähnung des afrikanischen Lateins, das demnach, wie es von vornherein zu erwarten ist, die Eroberung der Provinz durch die Araber um wenigstens anderthalb Jahrhunderte überdauerte.

Wohl auf Zufall beruht das Zusammentreffen von Ober- und Unteritalien mit Spanien in der Verdopplung von Kon-

---

[39] Der Pannonier Hieronymus kennt fast nur die Verbindung plus quam, vgl. Kaulen, Handbuch zur Vulgata S. 137.

sonanten, die mit einem anderen verbunden sind, also C. I.
V 6127 Jussti, 7341 Ponttia. I. R. N. 3491 menssis, 1168.
1175 Aecclania. I. Hisp. Christ. 172 indignnus; die süd-
italienische Aussprache mag auf das Oskische (z. B. alttrei,
ponttram) zurückgeben [40]). Italiener, Spanier nnd Dalmatiner
warfen in den Substantiven auf -or r ab und verschoben
sie dann in die zweite Deklination; für die Belege aus italischen Schriftstellern vergleiche man Neue, Formenlehre I ^{2}
S. 283. Schon bei Plautus lesen wir sorŏ(r) Stichus 3 und
colŏ(r) vérus, was Bücheler-Windekilde S. ^{2} 17 mit Unrecht
als eine dem lyrischen Metrum zu Liebe angewendete sonst
erloschene Altertümlichkeit bezeichnen. Wir finden in späten
Inschriften sorus Lupi p. 185, 2 (im Psalt. Veron. 23, 4 umgekehrt dolor für dolus); soro C. I. II 390, dolus 1638 †,
doliu = dolorem 1729 †; dolus C. I. III 1903. Dalmatiner,
Ober- und Unteritaliener stimmen endlich in dem Metaplasmus
menserum = mensium überein: C. I. III 2602 meserum
(vielleicht †), 2400 menseru; V 2701 menseru; I. R. N. 967
menseru, 5460 misirum.

Die Zukunft wird hoffentlich den Unterschied der Länder
noch mehr aufhellen; in Aussprache, Formenlehre, Wortschatz und Wortgebrauch werden sich bei eingehenderen
Untersuchungen gewiss tief einschneidende Verschiedenheiten
herausstellen. Ich beanspruche nichts weiter als einen Grund-
riss und Vorarbeiten für künftige Monographieen gegeben zu
haben und schliesse diesen Abschnitt, wie immer durch dieselben das Urteil über meine Thesen ausfallen mag, mit dem
Wunsche: Vivat sequens!

---

40) Die Verbindung sst kommt auch sonst vor z. B. C. I. VIII
5034 Fausstinus. 9999 Iusstus.

III. Teil.

Das afrikanische Latein.

Im vorhergehenden Teile wurde bereits durch Grammatikerzeugnisse für solche, die derselben zu bedürfen glauben, die Existenz einer besonderen afrikanischen Mundart nachgewiesen. Im allgemeinen rügt Hieronymus (ep. 97) an der Aussprache den stridor Punicus; da das Punische ebenso reich an Zischlauten wie die slawischen Sprachen war, dürfte die punische Aussprache des Lateinischen am besten mit der zischenden Aussprache des Deutschen, welche die Slawen charakterisiert, zu vergleichen sein. Daran besonders haben wir bei der bekannten Stelle des Spartianus, welche von der Sprache des Septimius Severus (c. 19) handelt, zu denken, da sich die Worte Afrum quiddam usque ad senectutem sonans und die ähnliche Bemerkung über die Schwester des Kaisers (c. 15 vix latine loquens) nur auf ihre lateinische Rede beziehen können; stammte doch Septimius aus einem römischen Rittergeschlechte, dem die punische Sprache fremd war. Der Biograph hat den Soldatenkaiser nicht verleumdet; wenigstens zeigen die Münzen des Severus eine in jener Zeit noch ungewohnte wahrhaft Blücher'sche Orthographie. Wenn auch ihre Legenden nicht direkt von dem Fürsten herstammen, so war er doch für die von ihm angestellten (wohl meist afrikanischen!) Münzmeister verantwortlich. Wie dem aber auch sein mag, jedenfalls sehen wir, wie die lateinische Bildung der höheren Stände Afrikas beschaffen war. Daher ist, wenn irgendwo, die Erwartung gerechtfertigt, dass auch die Schriftsteller nicht frei davon geblieben sind. Vor unserem Jahrhunderte zweifelte niemand daran, ja man schuf den Namen Africitas für ihre gemeinsamen Solöcismen und es fanden sich Bewunderer wie Casaubonus, Lipsius und Barth, welche sie sogar nachahmten. Dennoch dachte abgesehen von einzelnen Observationen kein Philologe daran, diese Besonder-

heiten zu zergliedern; noch Bernhardy (Geschichte der
röm. Lit. Anm. 231) gestand aufrichtig ein: „die afrikanische
Latinität ist, wie die wenigen wissen, die mit einem
Paar ihrer Repräsentanten aufmerksam und nüchtern sich
befasst haben, noch durchweg terra incognita, während Niebuhr ¹), als er ex officio einmal über die Africitas zu sprechen
hatte, die nichjssagende Phrase hinwarf, die Sprache der
Afrikaner sei von der der Hauptstadt ebenso verschieden, wie
die Mundart der Genfer von der Pariser. Mehrere Jahr-
zehnte später begann die massenhafte Produktion von Monographieen, welche die Sprache eines einzelnen Schriftstellers behandeln. So nützlich diese Materialsammlungen auch für den
Grammatiker sein mögen, so schädlich können sie wirken,
wenn die Verfasser die Grenzen ihrer Aufgabe nicht beachten und von einem einzigen Autor ausgehend weittragende
Fragen entscheiden wollen. Dies zeigte sich gerade bei
Apulejus; Kretschmann (de Latinitate L. Apulei Madaurensis.
Regim. 1865 p. 33) leugnet die Africitas, fügt jedoch vorsichtig hinzu: si Apulei nostri solius rationem habemus ²).
Heinrich Koziol (der Stil des Apulejus, Wien 1872) berührte
in seinem weitschweifigen Buche die Frage mit keinem Worte;
indes drückte er seine Anschauung in dem zweiten Titel „ein
Beitrag zur Kenntnis des sogenannten afrikanischen Lateins" deutlich genug aus ³). Dieses Schweigen erschütterte
den Glauben an die Africitas in weiteren Kreisen; Jordan
(kritische Beiträge S. 265) „sah einstweilen von der Voraus-
setzung der Africitas ganz ab", sprach aber schon auf S. 326
noch bestimmter von dem „Nebelbild, genannt schwülstige
Africitas." Erst kürzlich leitete er in den Vindiciae sermonis Latini antiquissimi (Regim. 1882) p. 18 einen Ausfall
gegen Mommsen mit folgenden Worten ein: „Africitatis pro-

---

1) Vorträge bearb. v. Schmitz und Zeiss II S. 324.
2) Erdmann, de L. Apulei M. elocutione (Programm von Stendal
1864) spricht nur von afrikanischen Wörtern z. B. p. 2.
3) Koziol will S. 2 A. 1 aus einer Aeusserung des Apulejus
(flor. 1, 32, 9 quis enim vestrum mihi unum soloecismum ignoverit?)
folgern, dass die allgemeine Geschmacksrichtung der damaligen Zeit
so beschaffen gewesen sei; als ob Apulejus zu Römern und nicht zu
Afrikanern diese Worte gesprochen hätte.

prietatis videbor tetigisse eis qui in hoc vastum tanquam
s t e r q u i l i n i u m omnia coniciunt quaecumque aut inflati rhe-
toricae disciplinae tumore litterati homines sibi contra urbani
sermonis classicitatem indulserunt aut plebecula contra gram-
maticam peccavit videturve peccasse." Nach den Regeln der
Progression dürfen wir bei der nächsten Gelegenheit einen
noch kolorierteren Ausdruck erwarten. Sein Schüler Becker
huldigt in den studia Apuleiana (p. 7 sq.) natürlich derselben Ansicht: „Ita vero quae hodie de Africitatis quae dicitur
vana imagine docti viri saepe hariolantur, aliqua ex parte
corrigere nos et exquisitius distinguere posse speramus. Neque enim totum quidem sermonis genus et Apulei et Fron-
tonis et Arnobi tumidum et male artificiosum satietatem legen-
tibus mox adferre quisquam negabit, verum ea similitudo temporis saeculique ingenio, quippe quod non tam res enucleate
expositas expenderet quam verba voluptati aurium morigeran-
tia et pleno sonitu exeuntia exposceret. Forte vero accidit,
ut in Africa nascerentur ii scriptores, qui hodie nos illius aetatis elocutionem docent, haud ii iisdem scholae regulis instructi,
haud iisdem rhetorum praeceptis imbuti, sed omnium, qui
eius aetatis erant, literatorum hominum iudicio deservientes."
Aus diesen charakteristischen Sätzen geht hervor, dass Becker
von den Afrikanern nur Fronto, Apuleius und Arnobius und
die gleichzeitigen Schriftsteller aus anderen Provinzen (ich
erwähne nur Sueton und Gaius, die ganz anders schreiben)
gar nicht kennt; diese mangelhafte Kenntnis stimmt aber
sehr wenig zu dem unbescheidenen hochtrabenden Tone seines Urteils. Es wurde zum Teile durch die Entdeckung oder
richtiger den Nachweis der a priori notwendigen und jedem,
der Apuleius liest, sich aufdrängenden Thatsache hervorgerufen, dass der Roman des Apuleius sich hinsichtlich der
Sprache von seinen rhetorischen und philosophischen Schriften unterscheidet; jedoch geht dieser Unterschied nicht tief,
nur sind die Vulgarismen in letzteren nicht so gehäuft
und sozusagen unmittelbar an der Oberfläche. M. Zink, der
Bearbeiter der Sprache des Fulgentius [4]), war verständig
genug, das afrikanische Latein nicht zu leugnen, obgleich der
Versuch, seine Haupteigentümlichkeiten darzustellen, bei sei-

---

4) Der Mythograph Fulgentius II. Würzburg 1867 S. 37—61.

ner geringen Belesenheit durchaus nicht genügen kann. Wenn wir uns nun an die Kenner des Kirchenlateins wenden, so werden wir ebenso sehr getäuscht[5]). Kellner (über die sprachlichen Eigentümlichkeiten Tertullians in der theologischen Quartalschrift 1876 Bd. 58 S. 229—51) kümmert sich nicht sowohl um das Problem als um die Vorwürfe, die ein Ciceronianer dem Stile Tertullians machen könnte; Kaulen (Handbuch zur Vulgata S. 4) leugnet eine afrikanische Mundart vollständig und will höchstens einen afrikanischen Stil zugeben. Ziehen wir endlich das Werk von Rönsch, der doch so viele Kirchenväter studiert hat, zu Rate, so erfahren wir zunächst, dass es ein afrikanisches Latein gebe, in welchem die Itala geschrieben sei (S. 5); dieses decke sich aber so ziemlich mit dem italienischen (S. 7) und im Grunde sei es eigentlich nur das provinzielle Latein, das man per fas et nefas afrikanisch nenne, weil es in Afrika zuerst Büchersprache geworden sei (S. 12). Am Schlusse seiner etwas unklaren Einleitung behauptet Rönsch doch, dass die Sprache des Tertullian, Augustin und Cyprian viel gemeinsames habe (S. 15). Das Schlimme an solchen Auslassungen ist, dass die Africitas dadurch in Misskredit gekommen ist; nur einzelne liessen sich, wie Mommsen (archäol. Zeitung 1871 S. 5 ff.), von einem richtigen Gefühle geleitet, durch derartige einseitige oder unklare Urteile den Blick nicht trüben. Dass sie daran Recht gethan haben, beweisen die neuesten Arbeiten Wölfflins und seiner Schüler, welche bei einzelnen sprachlichen Erscheinungen die Sonderstellung der Afrikaner nachwiesen; namentlich seine Schrift über „die Latinität des Cassius Felix" hat hier sehr fördernd gewirkt.

Wo so wenige Vorarbeiten vorhanden sind, kann die Kraft eines Einzigen, auch wenn er die fast übermenschliche Geduld besässe, so viele inhaltsleere Bände zu lesen, die ausserordentlich reichen Quellen nicht erschöpfen; aber es dürfte schon in dem blossen Versuche, das afrikanische Latein von einer möglichst breiten Basis aus zu behandeln, ein Verdienst liegen.

---

5) Ritter, die Schriftsteller Afrika's (Ztsch. f. Philol. u. kathol. Theol. H. 8. Köln 1833) und J. Aymeric, études sur la latinité des Pères Africains (Lettres chrétiennes. Algier 1881 I. Mai, Juli und August) konnte ich mir nicht verschaffen.

Teils um eine Vorstellung von der Bedeutung der lateinischen Literatur Afrikas, die man noch viel zu wenig er-
kennt, zu geben, teils um den Leser mit den anzuführenden
Autoren bekannt zu machen, da die unbedeutenderen zum
grossen Teile der philologischen Welt mit Recht fremd sind,
wird ein kurzer Ueberblick über dieses Kapitel der Literaturgeschichte nicht unerwünscht sein. Vor der Zeit Hadrians
stammten zwar Terenz, Septimius Severus, ein Freund des
Statius (silvae 5, 4, 45) und der Rhetor und Dichter P. Annius
F l o r u s aus Afrika [6]), aber sie dachten nicht daran, von den
literarischen Cirkeln der Hauptstadt sich loszulösen, sondern
bemühten sich im Gegenteil möglichst urban zu schreiben. Als
jedoch die Provinz dank dem unerschöpflichen Reichtum des
Bodens, der in Byzacene hundertfältige Frucht trug [7]) und
durch ihre ausgezeichneten Häfen zu hohem materiellen Wohl-
stande erblüht und Karthago zu einer der grössten Städte
des Reiches herangewachsen war [8]), da regte sich auch das
Selbstgefühl der Afrikaner und sie schlugen neue Bahnen ein.
Dieses Auftreten, das in die Zeit Hadrians fällt, traf mit einer
tiefen Erschöpfung in der Literatur Italiens zusammen. Vor
dem Classicismus, der überdies peinliche Sorgfalt forderte,
hatten die blasierten Römer bald Ekel empfunden, während
die poetisierende Richtung und der Subjektivismus bis zum Extrem verfolgt worden waren, so dass dringend eine Umkehr
notwendig wurde. Nun trat der Afrikaner F r o n t o auf, jetzt
fast verachtet, aber zu seiner Zeit teils als vortrefflicher Rhetor, teils als Prinzenerzieher hoch geehrt. Er griff, da die
Kraft, etwas neues zu schaffen, fehlte, zu den archaischen
Schriftstellern, um der greisenhaft gewordenen Sprache und
Literatur deren Jugendfrische einzuflössen. Gerade in der
heimischen Mundart der Afrikaner hatten sich, wie wir nachweisen werden, viele altertümliche Formen, Wörter und Bedeutungen erhalten, wodurch sie überhaupt ein etwas alter-
tümliches Gepräge trug; es lässt sich also leicht begreifen,

---

6) Jahn erklärt in seiner Ausgabe des Florus p. XLV mit Recht,
dass der Historiker und der Rhetor verschiedene Personen seien.

7) Mart. Cap. 6, 670.

8) Vergl. Herodian 7, 6. Hundert Jahre später wurde es von
Konstantinopel überflügelt (Auson. ordo urbium nobilium II.)

dass die Hauptträger jener archaisierenden Richtung, Fronto,
Apuleius und Gellius⁹) drei Afrikaner waren. Wenn sie
aber eifrig verschollene Komödien durchstöberten, um mit
seltenen Wörtern und Phrasen ihre dürftigen Gedanken auf-
zuputzen, so lag hier die Gefahr nahe, mit dem vulgärarcha-
ischen auch dem vulgären an sich Tür und Tor zu öffnen.
Selbst Fronto und Gellius hatten sich dem nicht völlig ent-
ziehen können, aber bei Apuleius war, wenn er einen wie
gewöhnlich in der Demimonde spielenden Roman schrieb,
die Gefahr noch viel grösser. Das rein vulgäre Element nahm
hier das archaischvulgäre in sich auf, so dass letzeres nicht
wie bei Apuleius' Genossen dominierte, sondern blos die
Volkssprache bereicherte. Dies gilt hauptsächlich von dem
aus archaischen, vulgären, poetischen und griechischen Elementen gemischten Stile der Metamorphosen; dagegen zeigt er
in seinen rhetorischen und philosophischen Werken, dass er
besser schreiben konnte, obgleich der Afrikaner auch hier durch-
blickt. Apuleius und seine beiden Gefährten errangen als
Vertreter der rhetorischen und grammatischen Studien ihrer
Heimat ein hohes Ansehen, das Salvius Julianus, dem Hadrian
die Zusammenstellung des Edictum perpetuum übertrug, nur
gesteigert haben kann. Auch das Christentum führte hierin
vorläufig keinen Umschwung herbei: das vulgäre Element war
nun, weil die tieferen Studien fehlten, nicht mehr durch das
archaische geregelt, sondern es strömte unaufhaltsam in die
Literatur ein. Auch jetzt behalten die Afrikaner noch bis
zur Mitte des dritten Jahrhunderts die Führerrolle. Nach
Minucius Felix¹⁰), dem ersten Apologeten des Christentums,
ist namentlich Tertullianus zu nennen, der, erst heidnischer
Sachwalter, als Christ das Presbyteramt in Karthago
bekleidete, der originellste Geist unter allen Kirchenvätern. Seine Leistungen sind unstreitig sehr bedeutend;
namentlich gestaltete sich durch seine gründliche juristische
Bildung, die er in theoretischen Schriften und ausserdem im

---

9) Dem Nachweise, dass Gellius auch hieher gehöre, ist ein besonderer Exkurs gewidmet.

10) Neben der vorzüglichen Ausgabe von Halm benützte ich auch
Dombarts Uebersetzung mit Text und Anmerkungen, die in Erlangen
1881 in zweiter Auflage erschien.

zahlreichen Redewendungen zeigte [11]), das apologeticum zu einem glänzenden Plaidoyer für das Christentum, indem Tertullian die schreienden Ungerechtigkeiten der römischen Justiz und die schreckliche Verkommenheit der zerfallenden heidnischen Welt in grellen Farben malt. Teuffel schilt seinen Stil formlos, thut ihm aber damit sehr Unrecht; man könnte Tertullian den afrikanischen Tacitus nennen. Denn er schreibt für einen Afrikaner ungewöhnlich gedrungen [12]) mit häufiger Auslassung von Zwischengedanken; auch sonst ist seine Sprache ebenso pointenreich und individuell wie die taciteische [13]). An geistiger Bedeutung steht der ältere Arnobius [14]) tief unter ihm; indes ist sein Werk adversus nationes antiquarisch durch zahlreiche Nachrichten über die römische Religion, literarisch durch Lucretianische Reminiscenzen und sprachlich durch die ungescheute Anwendung der provinziellen Solöcismen von besonderem Interesse. Ebensowenig kann sich Cyprianus, der zweite hervorragende Kirchenvater Afrikas, mit Tertullian an Scharfsinn und Schlagfertigkeit messen, doch hat er vor ihm den Vorzug der formalen Bildung da er mit Lactanz unter den Autoren des dritten Jahrhunderts den verhältnismässig besten Stil schreibt [15]). Dagegen interessieren die ihm zugeschriebenen Schriften, die Hartel in der Appendix seiner Ausgabe vereinigte, vom sprach-

11) Durch den Raummangel bin ich genötigt, den Leser auf Oehlers Kommentar zu verweisen; gerade durch die Menge solcher Phrasen wird die Identität des Theologen und Juristen Tertullian wahrscheinlich.

12) De virg. vel. 4 sagt er selbst: Naturaliter compendium sermonis et gratum et necessarium est, quoniam sermo laciniosus et onerosus et vanus est.

13) In seiner Zeit unterrichtete der afrikanische Rhetor Caelianus den Sohn des Kaisers Macrinus (Lamprid. Diadum. 8.)

14) Reifferscheids fleissiger Index hat doch die sprachlichen Bemerkungen Hildebrands in seiner Ausgabe (Halle 1844) nicht überflüssig gemacht.

15) Das Verhältnis des Christentums zur heidnischen Bildung ist noch nicht genügend dargestellt; die Indices scriptorum, welche den Kirchenvätern beigegeben sind, werden dazu interessantes Material liefern. Wie fremd Cyprian der echte Humanismus war, sieht man am besten daraus, dass er die heilige Schrift ausserordentlich oft, aber nie einen Klassiker citiert.

lichen Standpunkte mehr, unter ihnen besonders die Abhand-
lungen de aleatoribus (p. 92 sqq.), de montibus Sina et Sion
(p. 104 sqq) und de singularitate clericorum (p. 173 sqq.).
Aber auch unter den echten Werken ist der Classicismus in
den Briefen Cyprians gelockert, wie dies bekanntlich auch
von Ciceros Briefen gilt. Im allgemeinen hat, wenn wir von
Ambrosius absehen, die lateinische Kirche ihre geistvollsten
Vertreter in unserer Provinz gefunden, wodurch es sich leicht
erklärt, dass noch in der ersten Periode des Christentums
die Afrikaner entschieden die Führerstelle einnahmen. Gewiss
hat namentlich die Uebersetzungsliteratur, wenn wir dies auch
bis jetzt noch nicht verfolgen können, hier eine eifrige Pflege
gefunden. Vorläufig vermögen wir nur die Uebertragung des
Kommentars von Theodoros aus Mopsuestia zu den paulinischen
Briefen, die indess wahrscheinlich erst in das sechste Jahrhundert fällt, für Afrika in Anspruch zu nehmen [16]). Von den
Bibelübersetzungen soll in einem besonderen Exkurse die Rede
sein.

Es könnte vielleicht Wunder nehmen, dass bisher immer
nur von der Prosa und mit keinem Worte von der Poesie
die Rede war. Als jedoch die Afrikaner in die römische
Literatur eintraten, war die Zeit der Poesie längst vorüber;
ihr orientalisches Blut befähigte sie zu einer poetischen Prosa,
die bekanntlich mit einer prosaischen Poesie Hand in Hand
zu geben pflegt. Uns wenigstens ist ausser einigen Epigrammen
aus dieser Periode nur ein kleines Lehrgedicht von Aurelius
Olympius Nemesianus über die Jagd erhalten.

Nach jenem hohen Aufschwunge folgte nun wider Erwarten eine Periode fast vollständiger Ruhe. Einen solchen
plötzlichen Abfall könnten wir nicht begreifen, wenn nicht die
Geschichte berichtete, wie furchtbar das gesegnete Land
nicht sowohl durch die Christenverfolgungen als durch die

---

16) Der erste Herausgeber, Kardinal Pitra, schrieb sie fälschlich
dem Hilarius zu (spicilegium Solesmense I. Paris 1852 p. 49—159 und
XXVI—XXXIV); der bekannte englische Kenner der Kirchenväter
aber, H. B. Swete, weist diese Ansicht in seiner neuen Ausgabe
(Theodori episcopi Mopsuesteni in epistolas b. Pauli commentarii I.
Cambridge 1880) zurück und sucht (p. LIV sq.) den Verfasser in
Afrika, wozu auch die Sprache stimmt.

fanatischen Schaaren der Circumcelliones, die sich Heilige
nannten, heimgesucht wurde; in ihnen mischte sich der kon-
fessionelle Gegensatz mit dem socialen und nationalen, da in
ihren Reihen hauptsächlich die armen noch punisch oder ber-
berisch redenden Bergbewohner, die der Sekte des Donatus
angehörten, gegen die wohlhabenden romanisierten Städter
katholischer Konfession kämpften. Als aber die Legionen
diesem gräulichen Unwesen ein Ende gemacht hatten und
das Land wieder Jahre der Ruhe geniessen konnte, da rich-
teten sich auch die Wissenschaften wieder auf und Afrika gelangte zu einer zweiten materiellen und geistigen Blüte.
Nach einer Pause von etwa anderthalb Jahrhunderten, während deren namentlich die gallische Rhetorenschule dominierte, errangen etwa am Ende des vierten Jahrhunderts die
Afrikaner zum zweiten Male das Prinzipat in der römischen
Literatur und behielten es bis ungefähr in die Mitte des
sechsten Jahrhunderts, ohne dass die Aufrichtung der Wan-
dalenherrschaft dabei störend eingegriffen hätte. Im Gegenteil finden wir am Hofe der wandalischen Könige eine ganze
Reihe von Dichtern oder, richtiger gesagt, Dichterlingen, die
ihre barbarischen Herren in allen möglichen Versmassen be-
sangen. An ihrer Spitze steht Dracontius[17]), ein Verehrer
des Grammatikers Felicianus, den er im ersten und dritten
Gedichte preist; obgleich daraus zweifellos hervorgeht, dass
der Vers Qui fugatas Africanae reddis urbi litteras (1, 13)
sich nur auf seine pädagogische Wirksamkeit bezieht, stellte
Bährens (unedirte lateinische Gedichte S. 11) die nichtige Vermutung auf, er habe diese Dichterschule begründet. Luxorius und viele andere Versmacher beschäftigten sich mit der
Abfassung von Epigrammen und anderen kleinen Gedichten;
ja der Codex Salmasianus selbst, der bekanntlich eine lateinische Anthologie und darunter sehr viele afrikanische Dichtungen enthält, ist wahrscheinlich in Afrika zusammengestellt
(Riese, Anthol. Lat. I p. XXV). Dazu kommen noch einige
anonyme Dichtungen, vor allem das Orestis tragoedia

---

17) Sein Lehrgedicht de deo findet man am bequemsten in der
Patrologie von Migne LX col. 595 ff.; dazu vgl. Carmina minora
plurima inedita ed. Frid. de Duhn, Lips. 1873.

betitelte ungeniessbare Epos [18]) und die versificierte Novelle
Aegritudo Perdicae, erst vor einigen Jahren von E. Bährens
in den unedierten lateinischen Gedichten (Leipzig 1877) S. 5 ff.
herausgegeben. Als Stoffe lieben diese Dichter am meisten
rhetorische Themata und kleine mythologische Erzählungen,
besonders aus dem Sagenkreise der Venus, wie sie in Griechen-
land nicht lange vorher Mode geworden waren. Von dem
poetischen Gehalte will ich lieber schweigen; aber Dracontius
und seine Genossen verstanden nicht einmal, diesen Mangel
durch erträgliche Sprache und Metrik zu verhüllen. Unter
den gemeinsamen Sonderbarkeiten steht obenan, dass sie einen
vollen Hexameter mit fünf oder sechs asyndetisch aneinander-
gereihten Substantiven oder Adjektiven auszufüllen lieben z.
B. Orestis trag. 557 pectora cor sensus animum praecordia men-
tem, ja derselbe Mann stopft sogar in zwei Hexametern zehn
Subjekte asyndetisch mit einem kurzen Verbum zusammen:
V. 558—9 Conturbat pietas dolor angor moeror origo Affectus
natura pudor reverentia fama. Sonst verdient die auffallende
Unsicherheit der Quantität hervorgehoben zu werden. Kühne-
res wagte Cresconius Corippus um die Mitte des sechsten
Jahrhunderts, wenn er in acht Büchern die kurz vorher be-
endigten Kämpfe mit den Mauren zu schildern unternahm; er
bewegte sich nicht ohne Gewandtheit in den vergilianischen
Formen, wozu aber die zahlreichen Afrikanismen nicht passen.
Später siedelte er nach Konstantinopel über und dichtete hier
als Greis (praef. 37) vier Bücher zum Lobe des Kaisers Jus-
tinus, ein widerwärtiges Produkt des byzantinischen Hofpoe-
tentums. Wäre die Identität des Verfassers nicht durch praef.
35 f. quid Libycas gentes, quid Syrtica proelia dicam iam
libris completa meis? gesichert, wir wären durch den grossen
Abstand des dichterischen Könnens und die bedeutende Verschiedenheit der Sprache, die dort ausgeprägt afrikanisch,
hier dagegen, Einzelheiten ausgenommen, ohne provinzielle
Färbung erscheint, genötigt, zwei verschiedene Dichter anzunehmen. Kaum Erwähnung verdient ein kurzes Lobgedicht
des Presbyter Parthenius auf den wandalischen Grafen Sigisteus (Reifferscheid, Analecta Casinensia p. 4).

---

18) Am besten von C. Schenkl (Prag 1867) bearbeitet; J. Mähly
(Leipzig 1866) hat zu vieles „emendiert".

In derselben Periode erreichte die afrikanische Prosa ihren Höhepunkt in A u g u s t i n u s, der in einer für jene Zeit klassischen Sprache schrieb und, Hieronymus ausgenommen, vielleicht unter allen Kirchenvätern die gelehrteste Bildung besass; nur wenige Nachlässigkeiten, die der Feile zum Trotz stehen geblieben sind, erinnern an sein Vaterland[19]). Ganz ähnlich schreibt O p t a t u s von Milevi in dem kirchengeschichtlichen Werke adversum Donatianae partis calumniam (Migne XI). Als aber während der religiösen Kämpfe in der Wandalenzeit eine dem Laien Schaudern erregende Menge theologischer Schriften, die nicht einmal für den Theologen Wert besitzen, emporschoss, kümmerten sich diese schreibseligen Glaubenskämpfer um die Reinheit der Sprache nicht im mindesten; der Freund des Spätlateins findet daher in dieser selten von einem menschlichen Fusse betretenen Wildniss eine reiche Ausbeute. Die Vorläufer sind M a r i u s M e r c a t o r (Migne XLVIII), A u r e l i u s (Migne XX), C a p r e o l u s (Migne LIII col. 843 ff.) und E u o d i u s (Migne XLII). In der zweiten Hälfte des fünften Jahrhunderts folgen dann der j ü n - g e r e A r n o b i u s (Migne LIII col. 238 ff.) mit einem Psalmenkommentar und einer Streitschrift de deo trino et uno und F u l g e n t i u s von Ruspä (Migne LXV), der Verfasser langweiliger theologischer Schriften, erbaulicher Briefe und einiger Predigten. Ihm werden wie dem Augustin eine Menge anonymer Predigten beigelegt, die in Inhalts- und Formlosigkeit ihres gleichen suchen; die Worte des Evangeliums werden in der Paraphrase, die den Hauptteil der Predigten bildet, von einer Wolke spitzfindiger Allegorien, gesuchter oder falscher Antithesen und rhetorischer Kunstmittelchen erstickt. Die T h e o l o g e n d e s s e c h s t e n J a h r h u n d e r t s will ich einfach aufzählen: Cerealis (Migne LVIII col. 757 — 67), Eugenius (ib. LVIII, col. 219 ff. 770 ff.). Ferrandus (ib. LXVII, wozu einige

---

19) Freilich strebte Augustin immer nach Volkstümlichkeit, aber nur insofern als er seltene und poetische Wörter und Konstruktionen vermied. Vgl. seine Aeusserungen bei Ziegler, die ältesten lat. Bibel-S. 19, dazu retract. 1, 20 ideo autem non aliquo carminis genere id fieri volui, ne me necessitas metrica ad aliqua verba, quae vulgo minus essent usitata, compelleret, vgl. epist. 3, 5, wo Augustin — schwerlich im Ernst — behauptet, er wisse nicht, ob cupiri, fugiri u. dgl. zu billigen sei.

Briefe in Reifferscheids Analecta Casinensia kommen), Honoratus ib. (L col. 567 — 70), Leander (ib. LXXII), Pontianus (ib. LXIII, col 997), Vigilius von Thapsus (hinter Victor Vit. ed. Chifflet, Divion. 1664), Victor Tunnunensis (Migne LXVIII col. 937 ff.), der Maure Victor, von dem nur ein Buch de paenitentia publica unter den Schriften des Ambrosius erhalten ist, und der anonyme Uebersetzer eines Werkes des Theodoros von Mopsuestia, über den wir schon gesprochen haben. Junilius gehört, wie aus der Vorrede seiner an den Afrikaner Primasius gerichteten Abhandlung de partibus divinae legis (Migne patrol. LXVIII) hervorgeht, Afrika nicht an; die Schriften des Vitellius (Gennadius vir. ill. 4), Macrobius (ib. 5), Asclepius aus Numidien (ib. 73) und Voconius aus Mauretanien (ib. 78) sind zum Glück verloren.

Ausser einigen Briefen bei Reifferscheid, Analecta Casinensia verdienen Biographieen und Märtyrerakten Erwähnung; weil ihre Verfasser nicht Schriftsteller von Profession waren, verleugneten sie ihre heimische Sprache nicht: Possidius schilderte das Leben Augustins, Pontius das des Cyprian und ein unbekannter Schüler des Fulgentius von Ruspä verewigte das Andenken seines geliebten Lehrers. Unter den Märtyrerakten verdienen die Acta Saturnini († 304) und die Passio Perpetuae et Felicis († 202/3), die schon Augustin kennt, genannt zu werden.

Dies führt uns auf die historische Literatur; während eigentliche Geschichtswerke bis auf die leider nur in zwei Auszügen erhaltene Kaisergeschichte des Aurelius Victor (gleichzeitig mit Augustin) vollständig fehlen, vertreten Victor von Vita (historia persecutionis Wandalicae) und Liberatus (breviarium), beide im sechsten Jahrhundert lebend, das Fach der Kirchengeschichte. Bezüglich des ersteren muss der Bearbeiter der afrikanischen Latinität für die Ausgabe von C. Halm in den Monumenta Germaniae historica (Berlin 1879) oder die von Petschenig in der Wiener Sammlung der Kirchenväter (Wien 1882) Partei ergreifen; es bietet sich nämlich hier das auffallende Schauspiel, dass die beiden Herausgeber hinsichtlich des Umfanges des kritischen Apparates nicht viel differiren und doch an Hunderten von Stellen einen verschiedenen Text bieten. Obgleich die Recensenten sich zum grossen Teil ablehnend gegen Petschenigs Verfah-

ren aussprechen und nicht ohne Berechtigung darauf hingewiesen haben, dass Petschenig zu extrem vorgeht, schliesse
ich mich doch im Prinzip seiner auf einer gründlichen Kenntnis der afrikanischen Latinität aufgebauten Recension an, jedoch nicht ohne die Varianten anzumerken. Besser sind die
anderen Wissenschaften vertreten; namentlich gedieben die
grammatischen Studien in unserer Provinz zu hoher Blüte:
der bekannte Charisius eröffnet hier im Verein mit den
hervorragendsten lateinischen Metrikern, Marius Victorinus und Terentianus Maurus den Reigen; diese lebten
eigentlich schon vor Beginn der zweiten Blüteperiode, wogegen der berühmteste Grammatiker des Altertums, der Grammatiker κατ' ἐξοχήν Priscianus, aus dem mauretanischen
Cäsarea gebürtig und als Universitätsprofessor in Konstantinopel eine Autorität für das ganze oströmische Reich, an das
Ende gehört. Nicht minder wichtig sind uns der Lexiko-
graph Nonius[20]) und der Encyklopädiker Martianus Capella als Vermittler alter Gelehrsamkeit[21]). Bedenklicher
steht es mit dem Wissen des Fulgentius, dessen Handbuch
der Mythologie als das letzte Produkt der afrikanischen Vorliebe für Religionsaltertümer gelten kann; seine dürftigen Ex-
cerpte aus den Alten sind in Wolken von Phrasen eingehüllt
und mit ungeheuerlichen Etymologieen, die zwar für seine
Phantasie sprechen, aber sogar noch die des Stilo und Varro
übertreffen, ausgeschmückt. Jch setze auch den Horazscho-
liasten Pomponius Porphyrio in diese Periode, obgleich ihn
die Literarhistoriker gewöhnlich dem zweiten oder dritten
Jahrhunderte zuteilen; er schreibt nämlich für einen Grammatiker sehr schlechtes Latein; so ersetzt er den Infinitiv mit
dem Akkusativ häufig durch quod und verbindet damit im
Kommentare zu den Satiren sogar regelmässig den Indikativ.
Der erste Grammatiker, der sonst diesen Sprachfehler häufiger
begeht, ist meines Wissens Macrobius, wonach Porphyrio,

---

20) vgl. Mommsen im Hermes 1878 S. 559.
21) L. v. Jan macht auch *Macrobius* (praef. p. VII seiner Ausgabe) zu einem Afrikaner; aber so lange keine besseren Beweise beigebracht werden können als dass er Prokonsul in Afrika war, dürfen
wir einfach darüber hinweggehen. Manche Aehnlichkeiten der Sprache
des Macrobius und Gellius beruhen nicht auf gleicher Herkunft, sondern sind durch die Ausplünderung des letzteren entstanden.

da er von Charisius citiert wird, frühestens in die Mitte des vierten Jahrhunderts gehört[22]). Was endlich die übrigen Wissenschaften betrifft, so wurde in Afrika der Anfang gemacht, die gebräuchlichsten Schriften griechischer Aerzte in das lateinische zu übertragen; von dieser Uebersetzungsliteratur sind uns noch die Arbeiten des **Caelius Aurelianus** und **Cassius Felix** erhalten[23]).

Zum Schlusse möchte ich noch einiger Männer unsicherer Herkunft gedenken, die von den Afrikanern gleichsam ins Schlepptau genommen wurden. **Lactantius**, ein Schüler des Arnobius, stammte, weil er die Römer nostri (inst. 1, 5) nennt, jedenfalls aus dem lateinischen Westen. Der Kardinal Baronius hat mit Recht hervorgehoben, dass ein Italiener sich gewiss nicht herabgelassen hätte, die Schule eines afrikanischen Munizipiums zu besuchen; daher ist er wahrscheinlich ein Numidier. Aber **Commodianus** von Gaza[23 a]), welcher Bischof in Afrika war, schloss sich ganz an die Vulgärsprache seiner neuen Heimat an. Auch **Jordanes** konnte nicht völ-

---

22) Den afrikanischen Ursprung unseres Autors machte O. Keller (symbola philologorum Bonnensium p. 494 f.) wahrscheinlich; derselbe Gelehrte (ib. p. 491 ff.) suchte ihn aus sachlichen und sprachlichen Gründen bis in die erste Hälfte des dritten Jahrhunderts heraufzurücken, aber der Beweis scheint mir nicht gelungen. Wenn Porphyrio die Parther statt der Perser erwähnt, so versetzt er sich damit nur in die Zeit seines Dichters; die angeblichen Archaismen, die ihn zu einem Anhänger Frontos stempeln sollen, fallen bei einer Revision mit Hilfe der neuesten Hülfsmittel ausnahmlos weg und Beweise ex silentio, wie der, dass Porphyrio die aurelianische Mauer nicht erwähne, sind bekanntlich eine schwache Stütze Andererseits weist die Bezeichnung der Zeitgenossen des Horaz als veteres oder antiqui sicher auf eine späte Zeit hin.

23) Warum Bernhardy (röm. Literaturgeschichte S.² 655. 657) in Apicius einen Afrikaner sehen will, weiss ich nicht.

23 a) Da bereits Rigaltius von Commodians Sprache sagte: Stylus dicendique genus Africanae ferociae rusticitatem sapit, wollten manche Gazaeus allegorisch auf den Schatz der christlichen Wahrheit, den Commodian durch seinen Uebertritt erlangte, beziehen. Das Wort gazaeus „Schatzmeister" kennt indes weder die griechische noch die lateinische Sprache und die Allegorie wäre ohne den Zusatz dei oder Christi völlig unverständlich.

lig verleugnen, dass das erste Land lateinischer Zunge, in welches er kam, Afrika war.

Dieser geschlossenen Reihe von verhältnismässig bedeutenden Schriftstellern hat Spanien in derselben Periode fast gar keine Vertreter der Literatur, Italien, Oberitalien und Gallien nur vereinzelte bedeutendere entgegenzustellen. Auch die Inschriften, die freilich wenig bieten, sollen nicht vergessen werden; W. Möller (titulorum Africanorum orthographia, Greifswald 1875) und M. Hoffmann .(Index grammaticus ad Africae provinciarum titulos Latinos, Strassburg 1878) haben hier, leider auf Grund von unzureichendem Material, vorgearbeitet. Das voreilige Erscheinen der letzteren Arbeit ist um so mehr zu bedauern, als nur zwei Jahre später der achte Band des Corpus Inscriptionum Latinarum erschien; seit dem Einmarsche der Franzosen in Tunis sind wieder zahlreiche neue Inschriften, welche in Europa hauptsächlich das Bulletin épigraphique de la Gaule veröffentlichte, bekannt geworden.

Dies sind die Quellen, aus denen wir schöpfen müssen; ich brauche kaum zu sagen, dass nicht alle den gleichen Ertrag liefern. So kann man aus den Schriften grammatisch gebildeter Leute, wie Augustinus, Optatus und Martianus Capella oder gar aus denen der einheimischen Grammatiker so gut wie nichts für die Erkenntnis der Africitas gewinnen.

Bevor wir nun an eine systematische Darstellung der Africität gehen, ist es notwendig, einige Leitmotive der folgenden Darstellung an die Spitze zu stellen.

1. Wir sind berechtigt, etwas einer bestimmten Provinz zu vindicieren, wenn es in derselben sehr oft, in anderen dagegen nur selten erscheint; denn sprachliche Erscheinungen lassen sich nie scharf abgränzen.

2. Es macht einen grossen Unterschied, ob eine Veränderung in einem Lande ein oder gar zwei Jahrhunderte früher oder später als in einem anderen eintritt.

3. Ebenso ist nicht zu übersehen, wer einen unlateinischen Sprachgebrauch zuerst in Prosa oder in einem Originalwerke, nicht in einer getreuen Uebersetzung anwendet.

Die erste Stelle sei den rein nationalen Elementen, die

in keiner anderen Provinz existierten, d. h. den punischen gewidmet.

Die punische Sprache erhielt sich mit einer ungewöhnlichen Zähigkeit bis in die Zeit Augustins, sie war dessen Muttersprache und in den besseren Ständen so verbreitet, dass die Kaiser im dritten Jahrhundert den Gebrauch der punischen Sprache bei Testamenten gestatten mussten. Leider hielt man mit der gleichen Zähigkeit an der grässlichsten Seite des phönikischen Lebens, dem Molochdienste fest. Obgleich Tiberius von Staatswegen die Menschenopfer im ganzen Reiche verbot und die Priester wie die Druiden an den heiligen Bäumen ihrer Tempelhaine aufhängen liess, wucherte der Kultus im Stillen noch lange fort (Tertull. apol. 9). Auch die nationalen Erinnerungen an den einstigen Glanz der Handelsrepublik pflegten die entnervten Nachkommen bis in die spätesten Zeiten. Daher darf es nicht auffallen, wenn die punische Sprache bedeutende Spuren in der Africitas hinterlassen hat.

Der Tumor Africus[24]) ist seit mehreren Jahrhunderten ein Schlagwort der lateinischen Grammatik und Literaturgeschichte, ohne dass man sich je von diesem Schlagwort Rechenschaft gegeben hätte. So konnte es kommen, dass man ihn für die Eigentümlichkeit einer blossen Rhetorenschule, etwa dem Asianum genus der Griechen vergleichbar, ausgab, obgleich, wer auch nur oberflächlich mit einer semitischen Sprache vertraut ist, den spezifisch semitischen Charakter dieses Schwulstes nicht verkennen kann. An die Spitze stelle ich die Verbindung eines synonymen Genitivs mit einem Substantive, wobei die Abstrakta vorherrschen; diese den Semiten eigene Häufung beruht darauf, dass sie sehr oft den Genitiv eines Abstraktums für das Adjektiv anwenden. Fronto, Gellius und, wie es scheint, auch Tertullian haben sich von diesem Afrikanismus freigehalten, während merkwürdiger Weise den sonst so feinsinnigen Minucius Felix die urbanitas hier im Stiche liess; inritae pollicitationis cassa vota (12, 1) und execrationis horrorem (28, 6) streifen unsere Kategorie nur, dagegen hat aviditas desiderii (2, 3)

---

24) Dieser terminus technicus scheint nicht antik zu sein; er dürfte Casaubonus oder Salmasius seine Entstehung verdanken.   *

keine Entschuldigung; Apuleius hat ihn aber massenhaft (vergl.
Koziol S. 22—31, besonders S. 26 f.), noch häufiger Arnobius;
vgl. Reifferscheids Index p. 347, wozu man füge accessio multi-
plicationis 2, 24 p. 67, 22. aevitas temporis 2, 22 p. 66, 11. dubi-
tationis ambiguo 1, 42, p. 28, 5. cupiditates libidinum 2, 1 p. 47,
15. superbiae fastus 1, 63 p. 44, 4. imperii iussione 2, 11 p. 55,
28. commissurarum iuncturas 6, 16 p. 228, 7. contemplationis
obtutus 1, 60 p. 41, 27. languoris feminei laxitate? 6, 12 p. 223,
20. allegoricae caecitatis obumbratio 5, 41 p. 210, 21. mortis
occasus 1, 62 p. 42, 18. rationibus computationis 3, 5 p. 115, 3.
sanctitas castitatis 4, 16 p. 153, 17. stupore admirationis 1, 48
p. 32, 20. inanium vanitate 2, 29 cod. P (Ursinus u. Reifferscheid
inani v.); Firmilianus bei Cypr. ep. 75 p. 826, 8 sermo colloquii
und angeblich Cyprian selbst ep. 33 p. 566, 10 successionum
vices (successorum vices φ), bei welchem Briefe jedoch Cyprians Autorschaft nicht vollwichtig beglaubigt ist. Von Augustin kann ich vorläufig höchstens ep. 35, 2 indetestabilis
vinolentiae bacchationibus, von Optatus nur 2, 6. 11 commu-
nionis consortium anführen. Der jüngere Arnobius sagt ähnlich umschreibend provinciae tuae terra (de deo trino et uno
1, 2). Auch Martianus Capella verfällt selten in den Fehler:
6, 629 ubertate fecunditatis und 669 ora litoris, wie der Historiker Aurelius Victor (epit. Caes. 41, 8 avaritiae cupido).
Ebenso vorsichtig sind die Dichter: Luxorius Anthol. Lat.
287, 9 nostri temporis aetas und Aegritudo Perd. 136. 261
victum ciborum. Die späte Prosa ist dagegen an Beispielen
reich: Eugenius ep. ad cives (Migne 58, 769) chrismatis unc-
tionem; Fulg. Rusp. ep. 4, 2 ad effectum perfectionis; Ps.
Fulg. de praedest. et gr. 5 generationis propagine. 9 nullius
laboris industriam; Ps. Fulg. serm. 11 col. 872a somni sopor
13 col. 875b tyrannicae feritatis lassata crudelitas. 18, 883b
chrismatis unctione. 48, 915a arrham sponsalis muneris. 53,
920d tuae pollicitationis assertio. 55, 924d vasta eremi soli-
tudo. 57, 928a campum pratorum. 68, 940d pallio velaminis.
80, 952c de luto limi; Sigisteus bei Reifferscheid, anall. Casin. p. 5 ep. IV benivolentia domesticae caritatis; Vita Fulg.
8 fastūs arrogantia. 51 disciplinae coenobialis ordinem. 63;
Passio Perpetuae 1 pro aetatibus temporum; Passio S. Juliae
(Migne 58, 378 ff.) 2 servitio famulatūs sui; Victor Vit. sehr

oft vgl. Petschenigs Index S. 171, wo übersehen sind 2, 24 verecunda pudoris und 3, 19 dolum fraudis; Liberatus vgl. Zink S. 59 f. Aus dem Altertume kenne ich nur zwei Autoren, die ebenso wenig lateinisches Sprachgefühl gehabt haben, nämlich den Astrologen Firmicus Maternus, der in dem nahen Sicilien wohnte[25]), (vgl. Dressel, lexikalische Bemerkungen zu F. M. Zwickau 1882 S. 16) und Jordanes, von dem ich bereits erwähnte, dass das erste lateinisch sprechende Land, in das er kam, Afrika war (vgl. Mommsens Index S. 177 f.). Unabhängig von den Afrikanern und durch das hebräische Original hervorgerufen sind ähnliche Phrasen des alten Testamentes, die für das mittelalterliche Latein Bedeutung gewonnen haben. Zum rhetorischen Schmucke der schönen Literatur gehörten solche geschmacklose Häufungen wie sie zunächst in der Historia Apollonii Regis erscheinen: sermonis conloquio p. 3, 9 (cod. A sermone conloquio) und 19, 9 (cod. β sermone et conloquiis), voce clamoris p. 20, 13 (cod. γ voce clamantis), exsequiae funeris p. 34, 12, clementiae indulgentia p. 24, 8, dann im Konstantinsroman p. 2, 1. 14. 13, 15. 22, 31 und in der Historia Albani martyris aus dem dreizehnten oder vierzehnten Jahrhunderte (Haupt, Monatsberichte der Berliner Akademie 1860) S. 249 Z. 9 elegantiae venustatem. 252, 8 vastitates solitudinis. 252, 22 viarum semitas. Von der Hymnenliteratur bietet der bekannte Hymnus Pange lingua das Beispiel: gloriosi proelium certaminis. Selbst die älteste deutsche Verlagsanzeige von 1473 enthält eine ähnliche Abundanz.

Die Semiten gingen dabei noch weiter und setzten sogar einen Genitiv zu dem Nominativ desselben Wortes, wobei der Genitiv nicht etwa wie in den lateinischen Formeln summa summarum und reliquiae reliquiarum seine Bedeutung bewahrte, sondern den Begriff einfach verstärkte[26]). Das älteste Beispiel dürfte o vitae vera vita Ps. Apul. Ascl. 334, 41 II. sein; dann folgen episcopus episcoporum Tertull. pudic. 1; vita vitarum August. conf. 3, 6, 11. vita vitae meae ib. 7,

---

25) Wir werden finden, dass auch Sardiniens Sprache mehrere Berührungspunkte mit der Afrikas hat. Es ist wohl zu beachten, dass Sicilien und Sardinien unter den Wandalen zu Afrika gehörten.
26) Einige Beispiele gibt Landgraf, acta sem. Erl. II S. 35 ff.

1, 2²⁷). nugae nugarum ib. 8, 11, 26 vanitas vanitatum ib.
8, 11, 26, dann rex regum von Christus Vita Fulg. 18,
sancta sanctorum Ps. Fulg. 53, 920 b, pastor pastorum ib.
57, 927 d, sogar Christus Christorum, sanctus sanctorum, rex
regum et dominus dominorum ib. 28, 894 d. Die ähnlichen
kirchenlateinischen Formeln, die aus allzuwörtlicher Uebersetzung des hebräischen Textes entsprangen, sind allbekannt
(vgl. Kaulen, Handbuch zur Vulgata S. 217 f.). Mit dem
Christentum scheint diese den indogermanischen Sprachen
völlig fremde Sitte auch in den germanischen Norden gedrungen zu sein; denn die ähnlichen Fälle in der Edda
(Grimm, deutsche Grammatik IV S. 726) können nur zu den
in neuester Zeit von Bugge aufgedeckten christlichen Ein-
flüssen gehören.

Dazu kommen noch verschiedene andere Gattungen des
Pleonasmus, die, wenngleich dem Afrikanischen nicht ausschliesslich eigen, doch hier am häufigsten vorkommen. An
das vorige reiht sich zunächst die Verbindung eines
synonymen Adjektivs und Substantivs an²⁸): Apuleius
vgl. Koziol S. 36—52; Arnob. 1, 2 p. 5, 4 incipiens nativitas.
38 p. 25, 12 profundas altitudines. 44 p. 29, 18 munifica li-
beralitate. 2, 8 p. 53, 15 facetiae ioculares. 39 p. 79, 22 pa-
cata et placida tranquillitas. 58 p. 94, 18 acutioris et fulgi-
dae claritatis. 61 p. 97, 12 ortus primigenios. 70 p. 105, 16.
reciprocata vicissitudine. 3, 29 p. 132, 2 vetustas prisca.
5, 27 p. 173, 3 arcana mysteria. 33 p. 204, 12. tenebrosa
obscuritate. 6, 1 p. 214, 5 adnexa et vicina copulatione.
24 p. 235, 26 vetus antiquitas; Ps. Cypr. p. 213, 11 versipellis
fallacia; Aegritudo Perd. 35 purpureum ruborem; Ps. Fulg.
serm. 10, 870 c obscurantes tenebrae, 22, 889 b luctificus
maeror; Vict. Vit. 2, 48 velox agilitas; Vita Fulg. 4 libenti
voluntate. 59 contentiosa certamina. 63 lavacris balnearibus
und lacrimosis singultibus; Coll. Carthag. I. 411) cognit.
1 n. 133 sola unitas; Fulg. myth. I p. 21 commentum fabu-
losum. 22 largitas munifica. 595 aerumnosa miseria. Virg.

---

27) Vergl. Göthes westöstlichen Diwan 8, 25:
    Den das Leben ist die Liebe
    Und des Lebens Leben Geist.
28) Landgraf, acta sem. Erlang. II p. 51 ff. 512.

cont. p. 755 senectutis propinquior vicinia; Mart. Cap. 2, 127 circumspectio cautissima. 140 globosam animatamque rotunditatem. 5, 428 fecundae ubertatis. 6, 593 exigua brevitas. 640 magna granditate; Cael. Aur. acut. 1, 160. 161. 2, 62. 3, 81 cotidianis diebus [Esth. 2, 11 Vallicell.]. diurnis diebus öfters vgl. Wölfflin, Cassius Felix S. 429; Cassius Felix p. 45, 11. 49, 8. 83, 7. 102, 11. 121, 19. 127, 5 alterna mutatione. diurnis diebus öfters s. Roses Index S. 233. vgl. p. 1, 4 in breviloquio Latino sermone. Eine Abart davon ist, dass das Adjektiv nicht dem regierenden Substantiv, sondern dem davon abhängigen Genitiv begrifflich gleicht oder dass es beim Genitiv steht und mit ersteren dem Begriffe nach sich deckt: Apuleius vgl. Koziol S. 33—5; Arnob. 2, 35 p. 76, 25 vitae incipientis exordium. 3, 29 p. 131, 25 in continua serie perpetuitatis. 7, 3 p. 239, 10 vacuis inanitatis erroribus; Orestis trag. 647 regalia tecta potentum; Sigisteus in Reifferscheids Anall. Casin. p. 3 sereno hilaritatis auspicio; Fulg. myth. p. 599 aerumnosa calamitatum naufragia; vgl. Ps. Fulg. serm. 48, 915 a stillantia rorantis gratiae balsamum und Minucius 12, 1 inritae pollicitationis cassa vota.

Die verwandten Gattungen des Pleonasmus, die Koziol S. 109—30 so weitläufig behandelt, übergehe ich, weil sie kein besonderes Interesse haben. Beachtung verdient dagegen die asyndetische Nebeneinanderstellung von synonymen Ausdrücken [29]), die in der späteren Kaiserzeit fast nur bei Afrikanern so vorkommen, ohne dass sie ausschliesslich durch gelehrte Reproduktion dort erscheinen; denn sie sind nicht blos bei den Archaisten in Gebrauch. Beispiele für eine solche Verbindung synonymer Substantiva bieten uns Apuleius (vgl. Koziol S. 3 — 22) und Arnobius (vgl. Reifferscheids Index p. 348) abgesehen von forte fortuna Fronto p. 95 N; Gell. 1, 3, 30; Apul. met. 10, 5. Ps. Fulg. serm. 63, 934 a de fonte piscina scheint mir nicht sicher [30]). Auf dem Gebiete der Adjektiva, die in der archai-

---

29) Lachmann, comm. in Lucret. p. 80; Reifferscheid, analecta critica et grammatica p. 10; Preuss, ·de bimembris dissoluti apud scriptores Romanos usu sollemni, Edenkoben 1881.

30) Sonst verdient das Asyndeton bei Possidius vita Aug. c. 5 „coram episcopis populis" Beachtung·

schen Literatur nicht nachweisbar sind[31]), vergleiche man
Fronto p. 50 in ceteris aliis rebus [ἕτεροι ἄλλοι Eur. Suppl.
573. Demosth. 15, 27]. 122 inter duos ambos. 127 omnes
universos. 183 plerique omnes. 186 antiqui veteres; Gell.
1, 3, 2. 7, 4. 21, 1. 4, 17, 14. 14, 3, 1. 15, 7, 1. 17, 5, 4
plerique omnes (daraus Macrob. sat. 1, 19, 6), entschuldbar
19, 12, 1 omnes memoriae nostrae universos; Apul. met. 7, 5
universi omnes u. ö. vgl. Koziol S. 53—69; Arnob. vgl. Reifferscheids Index S. 348; Ps. Cypr. de rebapt. 15 p. 88, 29
ceteros alios; Orestis trag. 703 furens irata. 709 violentus
atrox. 711 trux inrevocabilis; Aegritudo Perd. 232 tenerae
sanctae puellae und 243 virgineo grato de flore; Symphosius
40, 2 unus solus, Theod. Mops. in Gal. p. 23, 9 excellenti
insigni, wo Pitra insigni als Glosse tilgen will; Cassius 33
omnia universa. Bei den Pronominibus zeigt sich die Herkunft des Gellius recht deutlich; er hat 15, 3 eadem ista
hacc, weshalb 13, 24, 4 neque ulla re aliqua nicht angezweifelt werden darf. Fronto p. 18, 17 qui . . . quisquam (τίς
. . . τις) ändert Studemund (in emendatt. Fronton. p. XXI) in
quis . . . quisquam mit Vergleichung von Plaut. Most. 256.
Aul. 803[32]); dagegen ist hoc eodem tempore bei Optatus
schism. 2, 15 von hoc idem des Nigidius bei Gell. 10, 4, 4
gewiss unabhängig. Unus ullus (Minuc. Fel. 11, 8) scheint
auch hieher zu gehören. Ob die entsprechenden verbalen
Verbindungen, die Apuleius (vgl. Koziol S. 83—102) und
Arnobius (vgl. Reifferscheid S. 348)[33]) sehr häufig anwenden, als archaistisch zu betrachten sind, muss zweifelhaft bleiben, da wir aus der vorklassischen Literatur ausser bestimmten Formeln (vgl. Preuss l. c. p. 93 sqq.) nur ein obendrein
durch den Verszwang veranlasstes Beispiel (Ennius bei Non.
p. 472,31 pugnant proeliant), dagegen mehrere aus der klassischen und silbernen Periode kennen. Ueberdies hielten sich
Minucius Felix, welcher 12, 1 cgetis algetis. 12, 5 imperant
regnant. 2, 6 dorsum maris raderet enataret (nach Holden

---

31) Plaut. Trin. 1046 f. liest man jetzt hominibus universis statt
omnibus universis: s. Ritschls adnotatio critica.
32) Vgl. Brix, Jahrbücher 1870 S. 778 f.
33) Uebersehen ist 1, 64 p. 45, 4 conpellare dilacerare.

und Dombart) und emicaret emergeret u. ä. schrieb, und
Dracontius, bei dem (10, 77) wir suspiret anhelet lesen, von
der archaisierenden Richtung ferne. Auch in der Geschichte
der asyndetischen Zusammenstellung synonymer Partikeln[34]),
zu der manchmal nicht sowohl die behagliche Breite des Aus-
druckes als die Undeutlichkeit des einzelnen Wortes Veranlassung gegeben haben mag. Wenn ich nicht irre, kommt
eine Anzahl solcher Verbindungen nur oder besonders häufig
in Afrika vor: usquequaque ubique * Fronto p. 74 F. [35]);
tunc ibi Gell. 14, 2, 9; Vita Fulg. 14 [tum ibi Plaut. Curc.
5, 2, 47 u. A.]; tum post hoc Apul. de dogm. Plat. 2, 20, 23;
tum praeterea Fronto p. 160, 6. 188, 20. 233, 3. u. ö. vgl.
Ebert, acta sem. Erl. II p. 353; tunc inde Commod. apol.
844; hactenus adhuc Apul. met. 9, 22; necdum adhuc Vict.
Vit. 3, 21. umgekehrt 2, 19, ähnlich necdum etiam Fronto
p. 209, 15 F.; illico statim Apul. met. 4, 11; statim protinus
Apul. met. 8, 7. vgl. Lütjohann, acta soc. phil. Lips. III
p. 501; satis admodum Ps. Fulg. de praedest. et gr. 7; nequiquam frustra Apul. met. 8, 16 [frustra ac nequiquam Catull. 77, 1]; vix aegre Acta Cypriani vom J. 258 c. 4 vgl.
vix et aegerrime Apul. met. 1, 14. vix aegreque Aur. Vict.
Caes. 11 [Macrob. comm. 1, 7, 4]. adeo sic * Apul. met. 7, 3.
8. 16; adeo ita Ps. Cypr. de rebapt. 3 p. 73, 4; ita hoc pacto
Arnob. 3, 32; itidem ita * Fronto p. 95, 23 F.; quoque itidem
Gell. zweimal; praeterea etiam Arnob. 2, 29; nec non et
[Hand, Turs. IV 112] Cypr. ep. p. 705, 11 (Q.: nec non); Passio Montani (J. $^{259}/_{60}$) c. 2; Optatus schism. 1, 19; Theod.
Mops. p. 52, 4. 78, 13. 80, 12. 89, 28 u. ö. Victor Vit. 1, 13.
2, 16. 45. pass. 8. Liberatus brev. 13. C. I. Lat. VIII 796.
828, dann eine Reihe von Verbindungen mit nec im Sinne
von non. Dieser Gebrauch hatte sich schwerlich aus dem

---

34) Sie reicht, so weit wir sie verfolgen können, von den zwölf
Tafeln (fr. 3, 2 Bruns post deinde) bis in die Volksmundarten der
romanischen Sprachen (neapolitanisch quanno se, ca pecchè, quase
comme) herab, dagegen sagen jetzt die Römer come e cquarmente
wie Jordanes p. 78, 1 quomodo et qualiter und Theod. Mops. p. 42,
10 qualiter vel quomodo).

35) Diejenigen Stellen, an welchen die beiden Partikeln nicht unmittelbar beisammen stehen, sind mit einem Sterne bezeichnet.

Altlateinischen ³⁶) erhalten, da die einschlägigen Beispiele
nur das Spätlatein betreffen ³⁷). Im Allgemeinen wendet der
Uebersetzer des Theodorus von Mopsuestia nec in diesem
Sinne (z. B. p. 43, 6. 10) sehr oft und necdum sogar gewöhnlich und mit wenigen Ausnahmen für nondum an ³⁸). In
letzterem Gebrauche stimmen Fulg. ep. 4, 3. 11 u. ö. Ps.
Fulg. de praedest. et gr. 16. serm. 13, 874 d. 21, 888 a. 43,
908 b. 53, 923 d. 63, 924 d., Vict. Vit. 2, 19 und Caelius
Aurelianus (chron. 5, 4) mit ihm überein. Von diesem Gesichtspunkte aus sind folgende Phrasen zu beurteilen: et neque Theod. Mops. in Gal. p. 43, 5. Cael. Aur. chron. 1, 9
[bei Venantius mehrmals] et nec *Coripp. Joh. 1, 544. *Pri-
mas. comm. in Rom. 4, 6. Theod. Mops. p. 31, 8. 70, 2;
nec et *Cypr. ep. p. 577, 22 [im Mittelalter Hist. Ap. R. p.5,11];
et necdum Cypr. ö. s. Hartels Index S. 438; sed necdum Optatus schism. 1, 16. Dagegen gehören wieder hieher: pro-
inde igitur Gell. 4, 1, 12 und noch zweimal, umgekehrt Apul.
flor. p. 28, 19; ideo ergo Fulg. myth. 3, 5; ideo propterea
Tertull. mart. 1, quippe etenim Apul. apol. 72, 16; sed immo
Commod. instr. 2, 2, 10 u. ö., sed quin immo Victor Vit. 1, 6;
tamen vero Fronto p. 155, 18 F; atqui contra Apul. apol. 2;
quasi velut Apul. de deo Socr. prol. 106 p. 2, 14 G.; quamquam etsi Apul. apol. 79 vgl. etiamsi et Theod. Mops. p. 66,
27; et quamvis Fulg. myth. 2, 9; licet et Tert. virg. vel. 6;
licet si Theod. Mops. p.202, 18, sogar licet si et ib. 197,12;
nisi solum si Theod. Mops. p. 41, 15; Oed. 1004 Apul. met. 1,
1. 8, 26. 10, 9. 11, 15 [Seneca Oed. 1004], wonach vielleicht
Theod. Mops. p. 91, 5 'et ecce et' in 'en ecce et' zu ändern
ist. Ein paar gewichtige Verbindungen lassen sich zuerst in
Afrika nachweisen: solummodo für das klassische tantum-
modo Minuc. Fel. 18, 3. 28, 3. 35, 6; Tertull. oft; Porphyr.
zu Hor. Od. 2, 2, 19; Acta Perpet. 19; Theod. Mops. p. 17,

---

36) Bücheler, Jahrbb. 1863 S. 785; Corssen, krit. Nachtr. S. 30.
37) Das erste gesicherte Beispiel steht bei Columella (10, 55);
dazu citiert Hand (Turs. IV 148) Pallad. 4, 10, 22.
38) Die älteste mir bekannte afrikanische Stelle ist Passio Montani c. 6 (quia necdum hora passionis advenerat); vgl. auch Paucker,
subrelicta p. 54, Mommsen im Jordanes p. 193. Halm im Salvian
S. 175, Hartel im Ennodius p. 686 f.

10. 37. 6, 56, 24. 89, 12 [sonst erst bei Ulpian und Ps. Quintil.
decl. 247, da man Plin. 34, 92 jetzt unam tantum liest] und
et etiam Apul. met. 10, 3. 17.? 21. Vict. Vit. 3, 70 [Lact.
5, 86].

Bezüglich der Häufung von synonymen Wörtern sei nur
noch erwähnt, dass auch drei Synonyma in Prosa nichts unerhörtes sind. Bei Minucius Felix findet man fast auf jeder
Seite drei Verba zu einem Begriffe verbunden[39]); sonst habe
ich notiert Arnobius 7, 35 p. 269, 7 u. 7, 36 p. 269, 26 at
vero nos contra[40]). Theod. Mops. p. 4, 21 unus, idem et
solus und Cassius 23 etiam simul et.

Der Ueberschwänglichkeit des afrikanischen Tempera-
mentes möchte ich es auch zuschreiben, dass die Abnützung
der Steigerungsgrade schon verhältnissmässig früh einen
hohen Grad erreichte. Wie die syrischen Griechen[41]), waren
die Afrikaner durch den übertriebenen Gebrauch des Komparativs und Superlativs in Fällen, wo der Positiv genügt hätte,
gezwungen, wenn sie das Adjektiv wirklich steigern wollten,
entweder die organischen Formen durch Umschreibung zu
ersetzen oder beides zu verbinden. Ich will damit nicht in
Abrede stellen, dass auch sonst derselbe Weg eingeschlagen
wurde[42]), indes finden wir bei den Afrikanern die meisten
Beispiele. Der Komparativ wird zunächst durch magis ver-
stärkt: Apul. met. 9, 36 (m. irritatiores). 11, 10 (m. aptior);
Tertull. spect. 13 (m. angustiora). pud. 16. adv. Marc. 4, 19.
5, 15. anim. 31. resurr. 45; Arnob. 1, 29. (58). 2, 5. 55. 4, 30;
Dracont. 4, 33; Orestis trag. 586; Anthol. Lat. 292, 8; Coripp.
Joh. 7, 539; Victor Vit. 2, 2. 3, 22 (Ws² amplius magisque).
59; Vita Fulg. 43 (m. .... districtiores); Commod. apol. 478
(m. plenius). Die Verstärkung mit plus kommt zuerst bei
Commod. apol. 5 (p. levior), dann zunächst in der eigen-

---

39) Vier stehen 16, 5: aegre se ferre, stomachari, indignari,
dolere.

40) Man wird unwillkürlich an den bekannten Pentameter erinnert: „Aber im Winter indes ist es hingegen zu kalt."

41) Winer, Grammatik des neutest. Sprachgebrauchs S. 221.

42) Rönsch, Itala und Vulgata S. 279; Ott, Jahrbb. 1875 S. 788 ff.;
Wölfflin, lat. u. romanische Comparation S. 46. Nachzutragen sind
Dictys 5, 15. Arator act. ap. 1, 856. Sedul. 5, 347. Venant. Fort.
4, 8, 12. app. 1, 102. Theodorus de diaeta 3 u. A. Bei den gallischen Panegyrikern findet sich noch keine Stelle.

artigen Uebersetzung des Buches Sirach 23, 28 [43]), (p luci-
diores), endlich Vita Fulg. 26 (p. propinquior); Ps. Fulg.
serm. 12, 873 c (p. tutius) und Cassius 42 (p. calidius) und
47 p. acutissima et molestior. Entschuldbar sind Mart. Cap.
7, 727 plus solito laetior und Coripp. Iust. 4, 129 plus maie-
state sedentis lucidior, wie auch Sulp. Sev. chron. 2, 46, 5
plus iusto inflatior. Sonst gehört diese 'Ausdrucksweise nur
dem Spätgallischen an: Venant. Fort. v. Mart. 1, 55 (p. aqua
frigidior); Oribasius 1, 1 (p. humidior). 7, 30 (p. superius).
17, 11 (calidior p.). Romulus fab. 1, 16 plus melior hat
wegen des unregelmässigen Komparativs keine Bedeutung.
Auch bei der Verstärkung des Superlativs ist unsere Provinz
in hervorragender Weise beteiligt; ich verweise aber auf Wölfflins reichhaltige Sammlung (Comparation S. 48 f.) und trage
nach: perquam sapidissimum Apul. met. 2, 7, satis plurimis
Arnob. 2, 36 und nimis gratissimus Vita Fulg. 36.

Die organische Doppelgradation ist nirgends so
weit wie in Afrika gegangen; oder findet man anderswo eine
Weiterbildung eines regelmässigen Komparativs? Eine solche
liegt in novissimiora (Passio Perpetuae et Fel. 1)vor.

Die Abschwächung der Grade hat andererseits zur Folge,
dass die Zusammenstellung verschiedener Grade
nicht mehr unsymmetrisch erscheint. Hier stehen die Afrikaner wieder in der ersten Linie. Nicht nur können sie als
die ersten betrachtet werden, da abgesehen von der bestritte-
nen Stelle des Decimus Brutus bei Cic. ep. 11, 19 nur eine
(Vell. 2, 69) früher ist, sondern es lassen sich auch sonst
nur wenige Beispiele nachweisen [44]), während sie bei Afrikanern massenhaft sind. Der Superlativ wird mit dem Positiv verbunden, wobei letzterer meistens vorausstebt [45]): Apul. met. 7,
21. 9, 37; Arnob. vgl. Reifferscheid S. 307; Porphyrio Hor. carm.
3, 16, 29 latissimas multasque; Aug. civ. d. 22, 29, 1 sancta

43) Wir werden unten ihren afrikanischen Ursprung nachweisen.
44) Wölfflin, Comparation S. 61. Auch das Spätgriechische verfällt in denselben Fehler z. B. Schol. Pind. Ol. 11, 106 στυγερώτατος
καὶ ἀλλότριος, vgl. Bernhardy, griech. Syntax S. 135 f.
45) Die sogenannten unregelmässigen Komparative und Superlative werden in der späteren Latinität als Positive behandelt, weshalb
ich sie nicht in Betracht ziehe.

atque dulcissima; Possidius vita Aug. 11 continentes et doctissimos; Vita Fulg. 61 inanes et vanissimos; Vict. Vit. sehr oft vergl. Petschenigs Index S. 150; Mart. Cap. 2, 174 decens ac pudicissima; Cael. Aur. acut. praef. 12 prona atque celeberrima. 3, 196 acuta atque celerrima. chron. 1, 153 magna atque tardissima. 2, 163 vehemens atque plurimus. 4, 132 malignae ac foedissimae. Nicht selten steht aber der Superlativ voran: bei Arnobius sechsmal vgl. Reifferscheid a. O.; Aur. Victor ep. de Caesar. 12, 6 et scientissimus et frequens; Possidius vita Aug. 17 clarissimos atque honorabiles; Passio mart. Scillit. (p. 202) religiosissima et simplex; Vict. Vit. 1, 20 mundissimus ac simulacius. 24 nobilissimam atque famosam; Cael. Aur. acut. 1, 40 asperrimi atque audaces. chron. 1, 123 acerrimae atque gravabiles. 149 tutissimam atque certam. 2, 104 parvissimo atque viridi. Beides kommt in anderen Provinzen nur sehr selten vor und ist den romanischen Sprachen fast fremd geblieben; doch dichtete der heilige Franciskus in seinem bekannten Lobgesange (Strophe 6): bello et iucundo et robustissimo et forte [46].) Als Unterart, die, wenn wir die unregelmässigen Superlative ausscheiden, als rein afrikanisch bezeichnet werden muss, reiht sich die Verbindung des Superlativs mit dem Positiv desselben Wortes an: Arnob. 3, 11 p. 119, 6 aegre atque aegerrime; Aur. Victor Caes. 41, 4 vetus veterrimumque; Cael. Aur. acut. 3,176 crebra atque creberrima. Damit kann man zusammenstellen vel mala vel maligna Theod. Mops. in Gal. 5, 12 und auf dem Gebiete der Verba ducit ac perducit Fulg. ep. 3, 1; ductus atque perductus Vita Fulg. 45; Ps. Fulg. serm. 63, 934 d latus perlatus. Der Superlativ wird aber auch sogar mit dem Komparativ, ein regelmässiger allerdings blos Arnob. 1, 16 p. 12, 27 ditiores et locupletissimos, dem der Verfasser des Bellum Afr. 56, 2 mit illustriores notissimique voranging, ein unregelmässiger dagegen Arnob. 1, 28 maximis et potentioribus. 2, 66 prioribus illis atque antiquissimis vgl. 2, 11 aut vos plurimum aut nos minus; Cael. Aur. chron. 2, 169 ultimum atque crassiorem und Lactanz de ira 10, 44 maiora et summa. inst. 7, 12, 23 extremi et tenuiores verbunden.

---

46) Vgl. Macchiavelli, il principe c. 7: cose volubilissime ed instabili u. A.

Ein eigentlicher Positiv tritt zu einem Komparativ abgesehen von Dichtern, die wie Klopstock dem Verszwange nachgaben, zuerst bei Apul. met. 10, 16 gratiosum commendatioremque; Arnob. 1, 32 p. 21, 21 plebeia atque humiliora. [p. 185, 19 wird von Reifferscheid irrtümlich citiert]. 7, 23 p. 255, 26 malos et . . . promptiores. 7, 43 p. 276, 5 pronius et deo conveniens. 45 p. 280, 3 praestantius augustaeque conveniens dignitati; Aur. Victor Caes. 2. 3. 4. 13. 40 (Wölfflin Rh. M. 29 S. 291); Vict. Vit. nur 2, 7 ingentia et maiora; Cael. Aur. acut. 1, 39 gravius ac perniciose. chron. 1, 7 longiores et puras. 2, 88 vehementibus atque fortioribus und öfters mit unregelmässigen Komparativen. Sonst führt Wölfflin (Comparation S. 66 f.) nur wenige Beispiele an, die ich blos um Lact. inst. 6, 4, 17 amara et graviora abgesehen von Phrasen, wie minora et exigua (ib. 7, 14, 6), zu vermehren weiss[47]),

Den Afrikanern anfangs ausschliesslich eigen scheint die Verbindung von tam (ita) mit dem Superlativ gewesen sein: tam beatissimus Pontius Vita Cypr. 15; tam maxima Vita Fulg. 30; sic mitissimus Liberatus brev. 16. Sonst findet sich bei Eugippius (vita Severini 40, 5) tam vastissimam.

Den Schluss dieser Kategorie sollen die von Superlativen abgeleiteten Verba[48]) bilden, in denen ebenfalls keine Spur einer Steigerung mehr vorhanden ist; auch hier sind die Afrikaner mit dem schlechten Beispiele vorangegangen[49]): infimare Apuleius met. 1, 8. de deo Socr. 4; intimare Apul. (mund. 288) d. Plat 2, 5. Tertull. bab. mul. 5. resurr. 40. scorp. 1. Arnob. 5, 33. Cypr. ep. 42, 2. Possidius vita Aug. 6. 17. Cael. chron. 4, 134. Commod. instr. 2, 13, 17. Mart. Cap 1, 39 und ö. Fulg. ep. 3, 1. Ps Fulg serm. 44, 909 c. 75, 946 c. [Solin, Scr. hist. Aug. u. A. s. Rönsch,

---

47) Comis et mansuetior bei Granius Licinianus p. 35, 17 steht nicht sicher, da auf mansuetior eine Lücke folgt; wir sind daher berechtigt, comis et mansueti or[is] mit Vergleichung der in der silbernen Latinität üblichen Redensarten os promptum, planum und confusum zu schreiben.

48) Wölfflin, Cassius Felix S. 418, der zuerst auf diese Bildungen aufmerksam machte, geht zu weit, wenn er sie auf die Latinität Afrikas beschränkt.

49) Andere Provinzen ziehen Ableitungen von Komparativen vor z. B. meliorare, minorare, peiorare.

Itala S. 173, Ennodius oft s. Hartel S. 679, besonders in Frankreich: Sulp Sev. ep. 2, 4. Marini pap. 129, 13 (J. 691). Pardessus 361, 45 (J. 670)]; postumare Tertull. apol. 19. resurr. 45; proxumare Apul. met. siebenmal. Ps. Fulg. serm. 6, 865 c. 866 a. b. 62, 933 a. d. 63, 934 a. Vita Fulg. 63 Ms. Passio Perpet. 9. [Sol. 25. 48, 2 Censorin. 8, 6. Ennodius p. 369, 19. Rünsch S. 173]; approximare Ps. Fulg. serm. 62, 933 c [Eccl.]; summare Apul. flor. 150 [Schol. Bob. in Cic. pro Mil. 10, 5]; ultimare Tert. de pall. 1; pessimare = κακοῦν Sirach 11, 26. 36, 11. 38, 22; zweifelhaft extimare Tertull. cor. 5.

So viel über die Hauptkennzeichen des tumor Punicus! Es würde zu weit führen, wenn ich alle Masslosigkeiten, die sich noch fast über alle Erscheinungen der Sprache erstrecken, behandeln wollte. Blos einige besonders drastische Beispiele sollen angeführt werden; während die anderen lateinischen Schriftsteller höchstens eine Aneinderreihung von zehn historischen Infinitiven (Tac. Agr. 38) wagen, bringt es Apuleius bis auf zwölf (met. 8, 17) und Fronto erreicht p. 207 mit siebzehn das Nonplusultra. Hier könnte man wieder die wohlfeile Ausflucht gebrauchen, dies sei eine Eigentümlichkeit der Rhetorenschule des zweiten Jahrhunderts; aber in späterer Zeit kommt es noch ärger. Von den asyndetischen Häufungen in der Orestis tragoedia und ähnlichen Machwerken war schon in der Einleitung der Rede, in der vita Fulgentii (46) tritt ingenium, sapientiam, doctrinam, fidem, pictatem, mansuetudinem, continentiam jenen ebenbürtig zur Seite. Vor allen löst der Grammatiker Fulgentius das Problem, mit möglichst vielen Worten möglichst wenig zu sagen; z. B. umschreibt er den Begriff „spinnen‘‘ coli delicatos enervare contractus et lascivienti pollice fusi teretem rotare vertiginem. Mit ihm wetteifert Victor von Vita, der den Begriff „am Abend‘‘ folgendermassen ausdrückt (2, 7): quando iam sol diei explicans cursum nocturnis tenebris ordinem daretet locum.

Um wieder auf die direkten Berührungen mit dem Hebräischen zurückzukommen, so verleiht namentlich die Ersetzung des Adjektivs durch den Genitiv eines Abstraktums der Rede ein fremdartiges Kolorit. Aus den älteren Afrikanern ist mir ausser Minuc. Fel. 26, 8 errorem pravitatis (Dombart: „sündhafte Betörung‘‘) kein Beispiel zur

Hand, da früher niemand darauf achtete, desto mehr aber
aus den späteren, zuerst bei Fulg. epist. 1, 15 odorem sua-
vitatis; Ps. Fulg. serm. 2, 860 b filius perditionis. 4, 864 a
viscera pinguedinis, gladium crudelitatis. 5, 864 b filium caritatis. 9, 869 a vultum pietatis. (25, 892 b vas electionis.)
53, 921 a stuprum impudicitiae. 61, 935 a semitam laetitiae.
68, 940 b virginitas castitatis. 70, 943 a labiis patientiae und
in paradiso deliciarum; Reifferscheid, anall. Casin. p. 5 ep. V
loco tranquillitatis; Liberatus brev. 5 increpationis epistolam;
sehr oft bei Victor Vit. vgl. Petschenigs Index S. 158 z. B.
praef. 4 oboedientiae cervicem. Durch wörtliche Uebersetzung
kamen solche Verbindungen in die Vulgata ⁵⁰) und von hier
in das mittelalterliche Latein.

Weniger auffällig ist die Umschreibung des Ablativus comparationis durch die Präposition a; denn
wenn das Hebräische in diesem Falle mîn „von" gebraucht,
geht es von derselben Anschauung wie das Indogermanische
aus ⁵¹). Bei den afrikanischen Klassikern können wir diese
offenbar ganz vulgäre Konstruction nicht nachweisen, sondern
nur bei Schriftstellern, die auf die Form nicht den mindesten
Wert legen, und auch hier hauptsächlich bei plus und minus ⁵²): Nemesianus bei Cypr. ep. 77 p. 835, 4 H a cente-
simo praemio minor; Ps. Cypr. de sing. cler. 22. p. 198, 27
plus ab omnibus (vulg. plus omnibus); Commod. apol. 97
minoris potentiae a se nach Rönsch; Porph. in ep. 1, 17, 21
minorem . . . . ab eo. 18, 10. 26. 2, 2, 203. sat. 2, 5, 56;
Primasius comm. ad Rom. 2, 13 a gentibus meliores: Cerealis
§. 19 priorem a patre. 20 maior a patre; Theod. Mops.
comm. in Gal. p. 32, 6 amplior. . . ab illis. 66, 4 meliora . . .
ab illis. 78, 6 melior ab illa. 123, 16 maior ab illo. 248, 7
ab omnibus plus; Pontius vita Cypr. 6 a iactantia minus;
Passio Felicis J. 303 (ap. Baluz. II p. 78) maior . . . a diis
nostris; Cael. Aur. acut. 1, 42 plus a ceteris corporis partibus;
1,56 u. ö. plus a cetero corpore; 1, 137 gravabilius ab his; 2, 1 gra-
vior . . . ab alteris. chron. 3, 109 magis . . . ab iis. 5, 111 minus a

50) Kaulen, Handbuch zur Vulgata S. 216 f.; Hagen, sprachliche
Erörterungen zur Vulgata S. 19. ·
51) Pott, Ztsch. f. Alterthumsw. 1853 N. 61 Sp. 487.
52) Rönsch S. 452 f. Wölfflin S. 52 f.

prioribus und repentina magis ... ab ea, ähnlich 112; Caelius bei
Rose Anecd. Graecolat. II (1870) vgl. Index S.202; Cassius Felix
1 und 33 a solito minus, umgekehrt 19. Sonst ist diese Ausdrucksweise nicht vor dem vierten Jahrhunderte zu belegen, zuerst
in den Freisinger Italafragmenten Hebr. 7, 26 ultiorem a caelis und 2 Cor. 11, 5 minus ... ab his, dann in der Vulgata
(Rönsch a. O.) Hier sind die fünf Fälle des alten Testamentes
auf Uebersetzung aus dem Hebräischen zurückzuführen, während
die übrigen drei in den paulinischen Briefen der Reminiscenz
an jene ihre Entstehung verdanken. In originalen Werken
kommt ausserhalb Afrika vor der zweiten Hälfte des vierten
Jahrhunderts kein Beispiel vor, dann aber in Italien: Lucif.
Calar. d. non parc. p. 286 eminentior ab Iscarioth Juda. 293
minor ab Antichristo; Serv. comm. in Donat. p. 433, 18 K:
quando dico 'doctior illo' et 'doctior ab illo', revera eadem
invenitur elocutio; Boeth. comm. in Ar. I p. 215, 26 mendaci-
or ... ab ea etwa um das Jahr 500 in Oberitalien: Ennodius epist. 9, 32 a me ... clarior u. ö. (Hartels Index führt
S. 634 sechs Stellen auf); Venant. Fort. v. Mart. 3, 291
vicino gravius ab ictu, erst etwa im sechsten Jahrhunderte
bei den Galliern: Oribas. lat. VI p. 19. 36. 43 u. ö. und im
Programme Hagens (Bern 1875) p. XV. XVI; Hippocr. de
cibis 2. 5. 15 und Anthimus mehrmals. Aus dem Osten
stammt Passio Tarachi 3 (minor ab); von Gromat. p. 344, 8
plus a quatuor lapidibus und einem Falle in der lateinischen
Uebersetzung des Irenaeus können wir die Heimat nicht bestimmen. Spanien ist dagegen gar nicht vertreten. Ganz
unabhängig davon kam, wie Alex. Hammesfahr (zur Komparation im Altfranzösischen. Strassburg 1881 S. 36) nachwies, die Sitte auf, den Ablativus comparationis nach Analogie
der übrigen Ablative mit de, der Lieblingspräposition des
Spätlateins, zu umschreiben. Ich kenne aus dem Lateinischen
nur wenige Belege dafür: Gromat. vett. p. 11, 19 = 109, 2
plus de XXX pedibus, einige in den langobardischen Gesetzen
(vgl. Pott in Kuhns Zeitschrift 13 S. 42) und einen in einer
gallischen Urkunde des neunten Jahrhunderts (Revue crit.
1873 8 fév. p. 87). Dieser Brauch fasste im Italienischen am
festesten Fuss, kam aber in Frankreich mit der Zeit ab, so dass
jetzt fast blos bei plus und moins die Präposition de steht. Man
verzeihe diesen Exkurs, zu dem mich die bisherige stiefmütter-

liche Behandlung des Gegenstandes veranlasste; in welchem
Verhältniss die entsprechende Anwendung von *ἀπό* bei den
Neugriechen steht, weiss ich nicht zu sagen.

Wie der Ablativ hier verkürzt wurde, so gewann er auf
einer anderen Seite an Gebiet; da die Semiten keine Adverbia haben, setzen sie Substantiva dafür. So kam es, dass
die Afrikaner nicht selten den Ablativ eines abstrak-
ten Substantivs statt des Adverbs des entsprechenden
Adjektivs gebrauchten: Apul. met. 1, 15 misericordia. 1, 23.
2, 17 verecundia u. ö.; Tertull. apol. 21 diligentia. ad natt.
1, 4 temeritate. 18 animo. adv. Hermog. 11 iniustitia; Arnob.
1, 40 iniuria. 2, 61 inutilitate. 3, 10 indignitate; Cypr. p. 21,
9 perfidia (om. B). 203, 22 fecunditate (fecunditatis V).
255, 9 ignorantia. ep. p. 633, 5 voluntate (a v. C[1]), während
in den drei anderen von Hartel angeführten Stellen das
Streben nach Symmetrie den Ablativ veranlasst hat; Cael.
Aur. acut. 1, 65 lenitate = leniter; am kühnsten C. I. VIII
4333 perquam nitore = perquam nitide. Die lateinische
Sprache hat besonders wenn das entsprechende Adverb oder
Adjektiv mangelte, zu diesem Mittel gegriffen, sonst jedoch nur
mit der grössten Vorsicht von dieser undeutlichen Ausdrucksweise Gebrauch gemacht.

Hier wie schon früher zeigte sich der Einfluss des Semitischen in der Vorliebe für Abstrakta. Wie weit diese ging
und wie sehr sie die Konkreta zurücktreten liess, beweist
unter anderem Petschenigs Index zu Viktor von Vita, worin
er S. 145 nicht weniger als dreiunddreissig Beispiele, bei
denen das abstrakte Wort einen konkreten Begriff vertritt,
anführt. Corssen (kritische Nachträge S. 276) hebt ausserdem hervor, dass Frauennamen mit der Abstraktenendung
tas besonders in Afrika vorkommen: Aeternitas C. I. VIII
3244. 4158. 4159. Caritas † 9586. Felicitas siebenmal.
Hilaritas 1909 = 2100. 6089. 9173. Ianuaritas 3699. Narni-
tas? 2190. Pietas fünfmal., Voluptas 5257, sonst Aequitas
Ann. d. I. 1862 p. 323; Felicitas kommt jedoch auch in Spanien
(C. I. II 797. 1509. 2312. 3078) vor.

Es bleibt nun noch übrig, Eigentümlichkeiten im Wort-
gebrauche anzuführen: Addo mit Infinitiv im Sinne von
praeterea kennt man aus den Bibelübersetzungen (Rönsch
S. 453); ich kann nicht entscheiden, ob Viktor von Vita (2,

10. 3, 21) diesen Hebraismus von dort oder aus der Sprache seiner Heimat genommen hat[53]).

Kein Zweifel kann über den Ursprung der Gewohnheit obwalten, den Plural p o p u l i im Sinne von Leute zu gebrauchen. Im Hebräischen bedeutet nämlich der Singular gôj „Volk" und der Plural gôjim „Leute". Das Kirchenlatein bildete dies nach, indem es die Heiden mit gentes bezeichnete. Anders in Afrika! Hier nannte man schon in der Zeit des Heidentums eine grössere Anzahl von Menschen populi, wie aus Apul. met. 11, 13 (populi mirantur), noch deutlicher 11, 16 (omnes in me p. fabulabantur) und Gellius (3, 13, 2 cum... compluris populos concurrentes videret, um einen Redner zu hören), über dessen Heimat wir nun kaum mehr im unklaren sein können, hervorgeht. Die christlichen Schriftsteller Afrikas wendeten diesen Plural ausserordentlich oft und fast immer mit der Nebenbedeutung von „Gemeinde" im Gegensatz zur Geistlichkeit an: Tertull. pall. 2; Optatus schism. 1, 19. 20. 2, 15; August. civ. d. 2, 28. enarr. in psalm. 138, 20. ep. 36 u. ö.; Arnob. inn. in psalm. 2 (= Iudaei); Ps. Fulg. serm. 6, 865 c. 7, 867 a. b bis. 10, 870 b. c. 14, 877 a bis. 15, 877 c. 18, 883 c. 22, 889 c. 45, 911 b. 56, 938 c; Reifferscheids Anall. Casin. p. 5; Possidius vita Aug. 5 bis; Vita Fulg. 32. 43 (Carthaginensis ecclesiae populos). 57 bis. 61. 65; Victor Vit. pers. 1, 24. 2, 1. 18. 24. 51. 3, 9. 53. pass. 11; Liberatus brev. 10 bis (clericos, populos, monachos). 18. 20 ter. 23; Dracont. 6, 70. sat. 216. 289; Anthol. Lat. 210, 7. 211, 4. 213, 2. 306, 2. 327, 1. 3. 361, 6. 376, 33. 670, 4; Coripp. Joh. oft im Sinne von „Heer" vgl. Partschs Index S. 187; dagegen heisst populos Africanos Vita Fulg. 1 „die afrikanischen Gemeinden". Aus dem Altertume wüsste ich nur eine Stelle bei dem Sardinier Lucifer pro Athanas. II p. 885 b., der sich auch sonst hinsichtlich der Sprache hie und da mit den Afrikanern berührt. Dagegen sind zunächst einige Redensarten auszuscheiden: die von Georges angeführte Phrase in populos mittere, im ganzen Reiche bekannt machen, gehört nicht hieher[54]), an mehreren Stellen Claudians (vgl. Gesners

---

53) Zur Wahl des Wortes addo dürfte die Erinnerung an den ähnlichen Gebrauch von adde oder addite bei den Klassikern (Seyffert, scholae Latinae I² 38 f.) mitgewirkt haben.

54) Dass pilumnoe poploe im Salierliede Genitiv ist, nimmt Cors-

Index s. v.) müssen wir an die buntgemischte Bevölkerung des Reiches und im besonderen Roms denken, wenn nicht der Dichter seinen Vorgängern, die bekanntlich häufig ohne Grund den Plural wählen, gefolgt ist[55]). Hingegen meint Pacatus (pan. 33, 4) mit levium populorum altor Nilus wohl nur das Volk der Aegypter, gebraucht aber hier populus statt civitas, das bekanntlich seit der augusteischen Zeit die Bedeutung „Stadt" angenommen hatte. In diesem politischen Sinne wurde im Mittellatein der Plural zulässig; ich erinnere an Hist. Ap. R. p. 59, 14 (anders cod. β) und mehrere Stellen von Macchiavellis principe z. B. c. 3.[56]). Gleichsam die Einleitung dazu bildet Ennodius p. 381, 10 H: stabant mussitantes et adtoniti populi. Ebenso alt ist der Gebrauch des Plurals plebes, zuerst bei Apul. de dogm. Plat. 2, 24; Aug. ep. 82. 105, 1; Concil. Carthag. collat. 20; Vita Fulg. 32. 33. 34. 35. 59. Fast hundert Jahre nach Apuleius schrieb der Arnobiancr Lactantius de mort. pers. 23, 2 urbanae et rusticae plebes, sonst ist mir nur eine Dichterstelle (Prud. περὶ στεφ. 10, 709) corona plebium bekannt.

Aus dem orientalischen Blute, das in den Adern der Afrikaner rollte, darf man es wohl auch ableiten, wenn sie die Freiheiten der Dichter mit solcher Kühnheit in der Prosa gebrauchten, wie sie jene kaum im Verse anzuwenden wagten; in Afrika besteht daher, wie im Oriente überhaupt, eigentlich gar keine Grenze zwischen dem prosaischen und dem poetischen Ausdruck. Für Apuleius hat Kretschmann, de latinitate L. Apulei Mad. p. 17—20 mit Nachträgen bei Koziol S. 309, für Fulgentius Zink S. 49—55 und für Viktor Petschenig S. 169 f. das Material zusammengestellt. Die übrigen Schriftsteller heranzuziehen, verlohnt nicht die Mühe; Predigten und ähnliche Erbauungsliteratur liefern den reichsten Ertrag an Kanzelblüten und wunderlichen Bildern z. B. Ps. Fulg.

---

sen (Vokalismus I² S. 527 f. 706) aus anderen Gründen an.

55) Plin. n. h. 29, 4 beruht intuentibus populis auf einer Konjektur Silligs, die sich aus der Darlegung im Texte als falsch erweist.

56) Das spanische Mittelalter bildet davon populatores vgl. das forum Tutelae vom Jahre 1117 (España sagra 50, 385): concedo omnibus populatoribus in Tutela, dann zehn Jahre später (ib. p. 387) ad vos totos populatores, qui estis populatos in Tutela.

serm. 44, 909 c hortus ebrius „bewässerter Garten" oder
Vict. Vit. pass. 3 vino corporis „mit Blut". Besonders massenhaft gebrauchen die Afrikaner substantivische Appositionen
(gewöhnlich nomina agentis) an Stelle von Attributen: für
Apuleius vgl. Koziol S. 61. 257—9; Tertull. apol. virgo con-
tinentia. 2, 5 Graeciam Phrygiae debellatorem. de orat. 20
lenonem opcrositatem. ad natt. 2, 1 expugnatorem multitudinem.
adv. Valentin. 5 virgo senecta. de iciun. 6 virgo saliva; adv.
Iud. 13 virgo terra. adv. Marc. 1, 29 virgo caro u. ö.;
Arnob. 2, 5 ministras manus. 1, 65 p. 46, 16 carnifex libido.
2, 5 p. 51, 7 carnifices unci. 2, 17 p. 62, 14 opifices manus
atque . . . . artifices. 3, 26 parricida necc. 6, 7 regnatoris
populi. 7, 7 latratorum canum. 18 virgines bubulae. 19 bis
p. 252, 21 u. 253, 4 feminas hostias. 22 virgines hostiae und
virgo vitula. 24 ruminatoribus saeculis. 33 p. 267, 5 censor
animus. 39 exhibitor magistratus; Fulg. vgl. Zink S. 56; Cael.
Aur. acut. 3, 180 iuvenum feminarum. 186 iuvenem feminam,
sonst wieder oft bei Laktanz s. Bünemann zu inst. 1, 18, 3
und de opif. 16, 5. In anderen Provinzen dürfte dies nur
vereinzelt vorkommen.

Den Übergang zu den Gräcismen mag die Ersetzung des Accusativus cum infinitivo bilden; während nämlich vor Apuleius nur je ein sicheres Beispiel für quod (im Bellum Hisp.[57])
vgl. Köhler, acta sem. Erl. I 443) und quia (Petron. 46 cod.
H — ed. pr. u. Bücheler quod) sich auftreiben lässt, erscheint
jenes bei Apuleius achtmal (met. 3, 4. 14. 4, 1. 5. 6, 23. 10,
7. 16. 24) und noch häufiger bei Tertullian (mart. 4 bis. apol.
7. bapt. 10. virg. vel. 17. adv. Iud. 3. 13. persec. 3 u. ö.);
quia fehlt zwar bei Apuleius, aber Tertullian liebt es: idol.
20. anim. 5. 57. adv. Iud. 9. adv. Marc. 4, 10. praescr. haer.
1, 4. Ich habe keine Lust, hunderte von Stellen für diesen
Gebrauch aufzutürmen; Aufmerksamkeit verdient aber, dass
quod mit dem Indikativ zuerst bei einem Afrikaner und
zwar bei Tertull. adv. Marc. 2, 7 vorkommt. Das älteste

---

57) Plaut. Asin. 1, 1, 37 erklärt, nachdem Brix in Bursians
Jahresber. I 375 eine verschiedene Deutung vorgeschlagen, Blass, Rh.
M. 1882 S. 151 anders; das Beispiel aus Cato verwirft Dräger II
§. 379. ' Die offenbar sehr alte Uebersetzung der angeblich unter
Trajan geschriebenen Acta Ignatii kennt diese Umschreibung noch
nicht.

nichtafrikanische Beispiel scheint in einem Briefe der römischen Gemeinde an Cyprian (p. 574, 14) vorzukommen [58]).
Ausserdem gehört, so viel ich sehe, quia mit dem Konjunktiv zuerst und fast ausschliesslich Afrika an: Acta mart. Scillit.
(J. 202) 2; Ps. Tertull. de execr. gent. d. in.; Publicola bei
Aug. ep. 47; Cerealis § 17; Ps. Fulg. serm. 65,937 c; Theod.
Mops. comm. in Gal. p. 2, 4; Vict. Vit. 1, 8; Liberatus brev.
5. 18 ter. 19. Später treffen wir denselben Gebrauch bei dem
Gallier Salvian (3, 4. 4, 7. 8). Neben diesen beiden Konjunktionen kommen noch quoniam und quomodo in demselben
Sinne vor, von denen letzteres offenbar das griechische ὡς
roh widergibt. Daher gebrauchen es nur der Übersetzer Caelius Aurelianus (acut. 1,173. 2,181. 3,72) und der oströmische
Beamte Jordanes (p. 86. 90). Eine viel grössere Bedeutung
hat quoniam; (Paucker, spicil. p. 111) nicht nur finden sich
die meisten und die ältesten Belege in der Literatur Afrikas:
Tertull. idol. 22. bapt. 10. adv. Iud. 8. 9 u. ö. in derselben
Schrift; Cypr. p. 226, 10 (om. G) und in Briefen p. 471, 16.
487, 1. 14.; Celerinus bei Cypr. p. 529, 19; Firmilianus ib.
p. 820, 19; Nemesianus ib. p. 835, 4; Ps. Cypr. de rebapt.
8 p. 79, 6. 9 p. 80, 29. de aleat. 8 p. 100, 11; Iulian. ap.
Aug. c. sec. resp. Iul. 5,4; Pelag. ap Aug. gestt. Pelag. 30;
Ps. Fulg. serm. 48, 914 d; Theodorus Mops. unzählige Male
(hie und da auch mit Konjunktiv z. B. p. 12,15. 45,22. 59,
6. 68, 15); Liberatus brev. 2 bis. 8. 12; Coripp. Iust. 3, 369;
Caelius Aur. chron. 1, 173. 2, 53. 3, 100. 4, 78. acut. 2, 83.
3,167; Cassius 47; Victor Vit. 2, 25. 86. 3, 68, sonst namentlich bei den Halbafrikanern Commodian (sechsmal in den
instr. und apol. 31) und Lactanz (s. Bünemann zu 4, 12, 18.
5, 17, 30. 6, 22, 3). In den anderen Provinzen erscheinen
die Beispiele spärlich und gehen nicht über die zweite Hälfte
des vierten Iahrhunderts zurück: Vulg. einige Male s. Kaulen
S. 246; Ambros. de fide 2, 14, 128; Rustic. c. Aceph. p. 117 b;

---

58) Wenn die Theologen der Uebersetzung des Hermas ein hohes
Alter zuschreiben, so stützt sich diese Anschauung nur auf einige
Stellen Tertullians, wo er den Hirten erwähnt; jeder Philologe wird
dadurch nicht für bewiesen erachten, dass er die Uebersetzung
gekannt habe. Der Uebersetzer hat schon sehr oft quod mit dem
Indicativ z. B. vis. 1, 1, 2. 3. 3, 4. 8. 4, 2 u. ö.

Facundus def. 9, 4; Ven. Fort. 6. 1, 93; arithm. p. 545 n. mus. ö. vgl. Friedlein S. 474. Hermae past. vis. 1, 4, 2; Bibelhandschriften s. Rönsch S. 402, dazu 1 Cor. 15, 21 Gig.

So kommen wir zu den unzweifelhaften Gräcismen, welche an Zahl und Umfang die in den anderen Ländern des Westens üblichen weit übertreffen. Schon die Punier waren der griechischen Kultur nicht so feindlich gegenüber gestanden [59]), wie man gewöhnlich glaubt. Noch weniger bekannt aber dürfte sein, dass die hellenistische Strömung in der Kaiserzeit eher erstarkte als abnahm. Namhafte Schriftsteller, wie der König Iuba, der Stoiker Annaeus Cornutus und die Chronisten Olympiodorus und S. Iulius Africanus, sogar auch Fronto, Apuleius und Tertullian in einzelnen Schriften, bedienten sich lieber der griechischen Sprache. Diese Vorliebe erstreckte sich nicht blos auf die höheren Kreise; nach Apul. apol. 98 war in manchen Gegenden das Griechische verbreiteter als das Lateinische und er teilt in derselben Rede (c. 82 und 83) einen griechischen Brief seiner Frau Pudentilla mit. Griechische Inschriften fehlen nicht; ihre Zahl wurde erst voriges Jahr dank dem Einmarsch der Franzosen in Tunis um eine neue im Bulletin épigr. de la Gaule 1881 p. 219 veröffentlichte Inschrift vermehrt. Das gleiche Jahr brachte ein interessantes literarisches Dokument wieder an das Licht: Usener veröffentlichte im Index scholarum von Bonn „acta martyrum Scillitanorum graece edita", die wir vorher nur in mehreren lateinischen Bearbeitungen kannten [60]); Aubé (étude sur un noveau texte des actes des martyrs Scillitains, Paris 1881) und Bonnet (Revue crit. 1881 Nr. 44 p. 313 f.) nehmen ohne Zweifel mit Recht an, dass der afrikanische Berichterstatter seine Erzählung ursprünglich in griechischer Sprache veröffentlicht habe. Ich möchte von der blos lateinisch bekannten Passio Perpetuae et Felicis das gleiche vermuten, da Christus c. 4 Perpetua mit tecnon anredet und die Märtyrer c. 12 in ihrer Vision die Engel agios agios agios singen hören; auch orama = visio in c. 7 und

---

59) Mullach, Grammatik der griech. Vulgärsprache §. 15. 16.

60) Aubé, les chrétiens dans l'emp. Romain de la fin des Antonins au milieu du troisième siècle. Paris 1881 p. 499–503.

10 deutet auf ein griechisches Original. Man wäre im Irrtume, wenn man eine solche Bevorzugung des Griechischen nur auf die ältere Zeit beschränken wollte; für die Mitte des fünften Jahrhunderts berichtet uns der Biograph des Bischofs Fulgentius c. 4 folgendermassen: Quem religiosa mater moriente celeriter patre Graecis litteris imbuendum primitus tradidit; et quamdiu totum simul Homerum memoriter reddidisset, Menandri quoque multa percurreret, nihil de Latinis permisit litteris edoceri volens eum peregrinae linguae teneris adhuc annis percipere notionem, quo facilius posset victurus inter Afros locutionem Graecam servatis aspirationibus tamquam ibi nutritus exprimere.

Diese Stelle ist auch für die Frage nach dem Fortleben Menanders und der späteren Aussprache des Griechischen von hoher Wichtigkeit. Man könnte zwar daran denken, dass in den damaligen Schulen eine Sentenzensammlung aus Menander, der in der lateinischen Literatur die Blumenlesen aus Publilius Syrus entsprachen, als Schulbuch diente; mir scheint jedoch der starke Ausdruck Menandri multa und die Zusammenstellung mit dem ganzen Homer dagegen zu sprechen.

Karthago pflegte die musische Bildung so eifrig, dass ausser Rom nur diese Stadt ein Odeum besass [61]). Zum Schlusse verdienen die griechischen Kolonisten in Cirta, die von Massinissa (Strabo 17, 3, 13) berufen ihre Nationalität nie aufgaben, Erwähnung.

Kann es uns also Wunder nehmen, wenn die Afrikaner, Prosaiker und Dichter ohne Unterschied, die kühnsten Gräcismen wagten? Nur diese sollen hier einen Platz finden; wenn aber einmal jemand Vechners verdienstliche Hellenolexis zeitgemäss umgestaltet, so möge er an den Afrikanern nicht vornehm vorübergehen. In der Kasuslehre drängte sich der ablativische Genitiv des Griechischen ungebührlich vor: dominari mit Genitiv finden wir Minuc. Fel. 12, 5; Ps. Apul. Ascl. 39; Tertull. apol. 26. cult. fem. 1, 1, sonst nur wieder bei Laktanz (inst. 4, 13, 10. de ira 14, 3) und in Übersetzungen (Rönsch S. 438, dazu Rom. 6, 13 bei Aug. civ. d. 15,7 und Gen. 1, 28 bei dems. ib. 14, 22, 5; Hagen, sprachliche Bemerkungen zur Vulgata S. 9; Iren. 3, 6. 20. 36. 4, 1. 2.

---

61) Tertull. resurr. carn. 42. Vict. Vit. 1, 8.

24. 34. 45; Hermae past. mand. 7, 12, 4 u. ö.). Erst in
später Zeit gebraucht Boethius einmal (comm. II p. 224, 18)
diese Konstruktion; Venant. Fort. 6, 1, 79 cardinis occidui
dominans gehört, da dominans auf einer Linie mit dominus
steht, nicht hieher. Ferner fallen auf desino in den acta martyrum Scillit. c. 2 [Hor. c. 2, 9, 17] und extermino mit Genitiv bei Apul. met. 3, 22 (animi cod. F) und Tertull. de spect.
17 (sexum pudoris); foras mit Gen. wie ἔξω steht Apul. apol.
50 [62]). Fulg. myth. 2, 1 viermal, später bei Juristen (Dirksen,
manuale p. 694 a) und im Bibellatein (Rönsch S. 398) [63]);
longe mit Gen. nur Apul. met. 8, 29; intus (ἐντός) Apul. met.
8, 29, dann in den Bibelübersetzungen (Rönsch S. 399); in-
coram bei Apuleius in den Metamorphosen mehrmals vgl.
Becker, studia Apuleiana p. 22 [64]). Auch der Genetivus
comparationis [65]) erlangte abgesehen von Uebersetzungen
(Rönsch S. 435 f.) bei den Afrikanern eine ungewöhnlich
grosse Ausdehnung: Apul. met. 3, 11 mei maioribus 8, 27
sui meliores. 9, 39 sui molliores. 11, 30 deûm magnorum po-
tior. dogm. Plat. 1, 9 omnium gignentium seniorem; Tertull.
apol. 40 maiorem Asiae atque Africae. adv. Val. 14 potiorum
casus sui. carn. Chr. 3 angelis inferioribus dei; Theod. Mops.
p. 39, 11. 44, 21. 84, 20 u. ö.; Ps. Fulg. serm. 23, 890 b.
29, 896 a; Vita Fulg. 60; Coripp. Iust. 4, 130 melior sui;
Cael. Aur. chron. 4, 31. acut. 1, 23, ausserdem [66]) bei Vitruv
an zwei offenbar aus dem Griechischen übersetzten Stellen
über den Säulenbau (5, 1, 3. 9, 3) und dem Oströmer Ammian
16, 12. Seit dem vierten Jahrhundert erscheint dieser Genitiv
bei mehreren Autoren unbekannter Heimat: Spart. Carac. 2.
Solin. p. 11; Ampel. 28, 4, dann in Italien bei Symmachus (angeblich ep. 11, 52) und vielleicht Paul. D. hist. Langob. 4, 42
(codd. minor patri) [67]), in Gallien bei Ps. Venant. 1, 46 (minor

---

62) Priscian las foras corpore.

63) Hand, Tursellinus II p. 707.

64) Nach Dräger I² 645 soll Apul. met. 9, 21 coram den Genitiv
regieren; dies ist aber nicht richtig.

65) Er steht mit Vorliebe bei unregelmässigen Komparativen.

66) Enn. trag. 41 optumarum multo mulier melior mulierum steht
der Komparativ an Stelle eines Superlativs und dürfte durch das
Streben nach Allitteration zu erklären sein.

67) Ebenso leicht ist aber die Aenderung minor patre.

patris) und endlich in Spanien Isid. orig. 17, 7, 52. 71. Geradezu eine wörtliche Uebersetzung von διὰ πανταχοῦ γῆς ist Tertullians Phrase per ubique orbis (pall. 2).

Aus dem Gebiete der Pronomina verdient Beachtung, dass das Pronomen ipse, wie αὐτός, auch idem vertritt, wozu die Afrikaner um so mehr geneigt sein mussten, als den Puniern der Begriff der Identität völlig fehlte. Da Manil. 1, 698 die Lesart unsicher ist, eröffnen Minucius Felix (11, 4?. 7 bis und Tertullian (resurr. 1. adv. Marc. 5, 16) den Reigen; ihm folgen Arnob. 4, 22 bis p. 158, 24. 26; August. civ. d. 5, 21 fünfmal; Optatus schism. 3, 4; Cerealis 11; Ps. Fulg. serm. 59, 930 a; Pass. Perpet. 7; Victor Vit. 1, 19. 43 in. 2, 18. 3, 43; Commod. apol. 92. 477. 804 u. ö.⁶⁸). Vor dem Jahre 400 finden wir ipse = idem überdies nur in buchstäblichen Uebertragungen, also im Bibellatein (Rönsch, Itala S. 424 f. Kaulen, Handbuch zur Vulgata S. 144), das jedoch gewöhnlich is zur Unterscheidung von dem gewöhnlichen ipse vorsetzt. Dann begegnet es uns bei Claudian. epigr. 2; Faustin. de trinit. praef. und besonders in Gallien: Venant. Fort. 1, 1, 26. 5, 5, 53. app. 2, 6; Salv. gub. d. 4, 11. 12. 5, 6. ad eccl. 2, 9. 3, 41; Eugippius vita Sev. 6, 4. 39, 2; Hist. Ap. R. p. 9, 11 cod. A. B. Nicht so kühne Schriftsteller stützen ipse durch idem oder ein Adverb; jenes ziehen Cyprian (ep. 75, 1 p. 810, 7 ipsa atque eadem domus) und der treue Bundesgenosse Afrikas, Laktanz (inst. 5, 2, 4 eodem ipso tempore), dann erst wieder Boethius (comm. I p. 143, 5. II p. 325, 4. 391, 8. 446, 25) vor. Im Hinblick auf diese Stellen entscheide ich mich Vict. Vit. 3, 41 mit Halm für die Lesart des ältesten Codex ipsi eiusdem urbis, da die von Petschenig aufgenommene Variante ipsiusdem urbis vorläufig, bis ipsedem nachgewiesen ist, die Bezeichnung eines Monstrums verdient. Commodian (instr. 1, 40 lemma) verwendet iterum ipsi und Cerealis (§. 3) item ipse. Wenn Minucius Felix 18, 1 inter se singuli dissimiles invenimur schreibt, so schwebte ihm dabei gewiss die spätgriechische Uebertragung des reflexiven Pronomens der dritten Person auf die übrigen (Kühner, griech. Gramm. §. 455, 7) als Muster vor.

---

68) Nicht zu verwechseln damit ist die Abschwächung von ipse zu einem gewöhnlichen Demonstrativpronomen.

Sonst bot das Gebiet der Partikeln, das die Griechen
sorgfältiger und feiner als die Römer entwickelt haben, Gelegenheit zur Entlehnung. Ut quid? ἵνα τί „warum" wenden, wenn mich nicht alles täuscht, natürlich auch hier von
den Bibelübersetzungen (Rönsch S. 174; Hagen, sprachliche
Bem. S. 54, auch oft in Tischendorfs Evangelia apocrypha) abgesehen, hauptsächlich die Afrikaner an: Tertull. pud. 2 und
18 (in Bibelcitaten). adv. Prax. 30; Firmilianus bei Cypr.
p. 826, 28; Ps. Cypr. sing. cler. p. 179, 25. 26; Aug. in psalm.
50. 100. 124, 2. civ. d. I 18, 1. 26. II 23, 1. IV 18. 23, 1.
V 18; Primasius comm. in ep. ad Rom. 3, 7; Ps. Fulg. serm.
18, 883 a ter. 19, 885 b; Victor Vit. 3, 16; Pass. Perp. 13⁶⁹).
Im Mittelalter schliesst sich an die Vulgata die Historia Apollonii regis (p. 56, 8) und der Anfang eines Hymnus von Gott-
schalk an. In hervorragender Weise ist ferner Afrika an der
Verwendung von utrum für die einfache Frage, für die
das griechische πότερα das Vorbild abgab, beteiligt. Bei den
älteren Belegen nimmt Dräger (II² 348)⁷⁰) mit Recht ein nicht
selten durch eine Parenthese entschuldigtes Anakoluth an und
Liv. 37, 17, 10 steht die Lesart nicht fest. Sonst dürften ausserhalb Afrika wenige Beispiele z. B. in einem juristischen Stücke,
Fr. 11, 2 ad L. Aqu. 9, 2 (utrum omnes teneantur? videamus)
nachzuweisen sein⁷¹). Andererseits vergleiche man in dem
Bericht über den Tod des Märtyrers Saturninus (nach J. 304) c. 8
interrogatus utrum in collecta fuisset, ebenso c. 12 und 14
nachquaero; Aug. civ. d. I 10, 1. 26. III 12. IV 3. VIII 10. XI 9. 12.
etc. conf. 6, 4, 2. doctr. Christ. 2, 39; Coll. Carth. (J. 411) cognit.
I n. 193 respondeatur, utrum pro praesente subscripserit. 122 De
nomine Feliciani utrum in communione sit Primiani⁷²). Dann
setzen die Schriftsteller Afrikas im Nachsatze eines ad-

---

69) Paucker, Ztsch. f. öst. Gymn. 1881 S. 493, führt je eine
Stelle aus Gaudentius, Bachiarius, Hieronymus [ep. 22, 37 ist aus
Isaia 58, 2!] und Rufinus an.

70) Neue, Formenlehre II² S. 803.

71) Paucker teilt in der Ztsch. f. öst. G. 1881 S. 492 vier Stellen
aus Oberitalienern und eine aus einer anonymen Schrift mit. Erst
spät treffen wir bei Ennodius zahlreiche Beispiele, s. Hartels Index
S. 720.

72) Findet sich ausser Tertullian (virg. vel. 6. 7. resurr. carn.
61 cod. Agob.) si et = εἰ καί?

versativen Satzes statt tamen gerne entsprechend dem griechischen ἀλλά at (Apul. apol. 46 quodsi hic nescit...., at tu cede huic), vero (Fulg. myth. 3, 10) und besonders sed bei Tertullian nach etsi pud. 2. 8. 17. monog. 6. Hermog. 23. 34. adv. Prax. 15. 16. adv. Marc. 2, 3. 17 u. ö., nach si adv. Iud. 7 [73]). Tertullian erlaubt sich aber auch nach Analogie von ὡς — ὡς „wie — so" sic — sic (ieiun. 13) oder quam — quam (idol. 4. 10. 18. de or. 22. ad natt. 1, 10 bis. adv. Marc. 5, 1 codd. BC.). Auf letzteres scheinen auch bei Cypr. p. 4, 4 die handschriftlichen Lesarten hinzuleiten. Endlich liessen die Afrikaner in Proportionalsätzen gerne magis aus; dies wäre nichts unerhörtes, wenn sie nicht auch dabei mitunter den Positiv statt des Komparativ gesetzt hätten: Ps. 118, 8. 9 bei Tertull. adv. Marc. 2, 19 quia bonum scilicet fidere in dominum quam fidere in hominem; Passio Montani (J. $^{259}/_{60}$) c. 4 quo ... grandis est, eo maior est; Fulg. myth. p. 596; vgl. Fulg. Rusp. ep. 3, 1 quantum ... imparem ..... tanto magis. Soviel als Probe der syntaktischen Gräcismen.

Aber auch der Wortschatz wurde erheblich aus der griechischen Sprache bereichert. Nicht etwa blos die Gelehrten schmückten ihre Rede mit griechischen Wörtern, selbst der Prediger, der unmittelbar zum gemeinen Volke sprach, konnte es in Afrika wagen, dem Volke zehnmal so viele griechische Wörter als Cicero seinen Mitbürgern zu bieten. In den dem Fulgentius zugeschriebenen Predigten finden sich z. B. folgende seltenere Fremdwörter: xenium 4, 863 a (auch Tertull. adv. Marc. 4, 42); machaera 4, 863 d. 10, 871 a. c. |in der Prosa seit Seneca]; orphanus 6, 865 d. 866 a [Ambros.]; collyrium 7, 866 d. 17, 881 a |Hor. sat., Vulg., Mediciner]; procta 16, 879 c [Plaut. Hyg.]; entheca 18, 883 b [auch August. serm. 42, ausserdem bei Juristen]; allophylus 21, 887 c [Eccl.]; botrus Aehre 34, 897 b; cauma 46, 912 b. 68, 940 d [Vulg. Iob. 30, 30 u. Glossen]; obryzum 52, 919 d |Vulg. 2 chron. 3,5]; paranymphus 53, 922 a [auch Aug. civ. d. 6, 9. 14, 18. dann Ven. Fort. 8, 5, 305, Anthol. 337. Hist. Ap. R. 51];

---

73) Dräger lässt uns hier im Stiche; ich kenne sonst nur einige späte Stellen: Macrob. somn. Scip. 1, 8, 11, eine zweifelhafte Stelle des Nazarius (15, 2), Ennod. p. 236, 4 Hartel nach etsi und p. 369, 7 nach quamvis.

malagma 57, 927 c [sonst medicinischer terminus technicus];
thyrsus Baumstamm 75, 947 b; lamparo 52, 920 b [Cassiod.].
Natürlich wären die Afrikaner in einem Fremdwörterbuche der
lateinischen Sprache durch massenhafte Beispiele, aber auch
durch viele von ihnen entlehnte Wörter vertreten, was man
trotz der kulturhistorischen Bedeutung leider aus dem neuesten
Werke von Weise nicht ersieht.

Nicht einmal die Wortbildung blieb unberührt; oder
worauf sollte man die ungewöhnlich zahlreichen Namen auf
ica (icus) zurückführen, wenn nicht auf griechischen Einfluss? Die Register zum achten Bande des Corpus Inscriptionum bieten (Karica 3288.) Colonica 1695. 5237. 8577. Co-
lonicus fünfmal. Felica (es kann aber auch metaplastisches
Feminin zu Felix sein, doch vgl. unten Mustelica) 6361. 6691.
6228. Garicus 4978. Maiorica siebenmal; Mannica 9951, mit
—n — 2837. Mapalica 3224. Matanica 7222. Matronica zehnmal; Mazica 8817. Minorica 3814. Monica (Monnica) sehr oft,
daneben Monosus und Monula. Mustelica 422; Mustica 7395,
-us 5956. 5971. 6237; Nannaricus 4960; Nonnica † 9255 [C.
I. V 7274] (auch -osa); Primulica 3802; Spenica 3098. 3577.
5245; Vitalica 3138; Urbanica 7077. 7822; Urbica fünfmal,
-us sechsmal [auch in C. I. L. II und V]. Eine griechische
Weise der Wortbildung ist es auch, wenn die Afrikaner Substantiva mit negativem in zusammensetzen, wobei selbst-
verständlich einfache Ableitungen von negativen Adjektiven
ausgeschlossen werden müssen. Aus der archaischen Periode
liegt, da Cornif. rhet. 2, 34 irreligio angefochten wird, nur
ein scherzhaftes Compositum des Lucilius (imbulnitics sat.
26, 45) vor; später hat Hieronymus den theologischen Terminus impeccantia (adv. Pelag. 1, 25. 2, 16) nach ἀναμαρ-
τησία gebildet. Vitr. 3 prooem. 3 bietet nur die Handschrift E
innotitiam, dem Rose ignotitiam, die Lesart der übrigen
Handschriften, vorzieht. Erst nach dem Sturze des römischen
Reiches erlangte diese unlateinische Bildung eine grössere
Ausdehnung: Plinius Valerius und Glossen haben invaletudo
und das Italienische besitzt Wörter wie immoderanza, impro-
prietà u. dgl. Andererseits haben sie die Afrikaner keineswegs vermieden: imbonitas Tertull. ad mart. 3 in.; immode-
rantia Tertull. bapt. 20; impraescientia Tertull. adv. Marc.
2, 7; inaudientia Cypr. p. 569, 22 (z. inobedienciam); inex-

perientia Tertull. anim. 20; infortunitas Gell. 7 (6), 1, 5; innotitia Gell. 16, 13, 9; invalentia Apul. dogm. Plat. 1, 18. Gell. 20, 1, 27; invalitudo Tertull. Valent. 21. Ind. 13 (Agob. valetudines); involuntas Tertull. apol. 45; irreligio Ps. Apul. Asclep. 26 in.

Zum Schlusse sei noch einiger gräcisierenden Wortbedeutungen gedacht: audio mit einem Prädikat entspricht dem griechischen ἀκούω in Prosa nur bei Apul. met. 6, 9 vilis ancillae filius nepos Veneris audiet. 5, 16 si divini puelli haec mater audierit. 10, 35 quod oppidum audit quidem nobilissimae coloniae Corinthiensium (wol korrupt) und Fulg. Rusp. ep. 1, 17 immundus, fraudator audit. Ich weiss auch die Verdrängung von tot und quot durch tanti und quanti[74]) an keinen besseren Platz zu stellen. Wäre quanti das ältere, so könnte man daran denken, dass quot im Volksmunde mit quod zusammenenfloss. Thatsächlich findet jedoch das Gegenteil statt; denn schon Plautus gebraucht Bacch. 1034 und Trin. 530 tanta. Neben der Abneigung der Volkssprache gegen Indeclinabilia hat wahrscheinlich das Vorbild von ὅσοι und τοσοῦτοι zur Entstehung des Gebrauches mitgewirkt. Die Afrikaner fügten dazu aliquanti (Tertull. adv. Marc. 2, 10; Ps. Fulg. serm. 5, 864 b; Primasius comm. in ep. ad Rom. 2, 4; Victor Vit. 1, 49. 3, 5; Liberatus brev. 4. 15; Vita Fulg. 48. 59 bis; Aur. Victor Caes. 33. epit. 41; Fulg. myth. 2, 9; Cassius Felix 21. 32. 49. 51. 54. 55. 64. 65. 66. 68. 73), was die spätere Gesetzessprache, der eine Unterscheidung von aliquot und aliquod wünschenswert sein musste, aufgriff, s. Cod. Theod. 16, 2, 31 (von Honorius und Arcadius) und Lex Langob. p. 7 B. Ausserdem finden wir aliquanti auch bei dem „Zugewandten" der Afrikaner Iordanes (vgl. Mommsens vortrefflichen Index S. 189) und bei einer Anzahl später Prosaiker (Rönsch, Itala S. 338, dazu Paulin. v. Ambros. 27; Ennod. p. 340, 21. 427, 17 H). Von den Afrikanern liebt im allgemeinen Tertullian am meisten gräcisierende Phrasen, z. B. capit = ἐνδέχεται unpersönlich mit Infinitiv; vgl. Rönsch S. 351, wozu man füge bapt. 1. ad natt. 2, 3. idol. 10. cult. fem. 1, 2. adv. Marc. 2, 9. de

---

74) Vgl. zuletzt Wölfflin (Rh. M. 1882 S. 122), der den Vorgang anders erklärt.

pat. 16 exh. cast. 2; communico besudeln = κοινοῦν
spect. 17. pat. 8. ieiun. 2. Beides kommt meines Wissens in
Originalwerken sonst nie vor, ausser dass ersteres, wenngleich
blos persönlich, auch Cyprian p. 214, 8. 219, 25 H. wagt;
subiacet = ἱπόκειται apol. 15. ad natt. 1, 10, transitiv
pat. 7 teilt Tertullian mit Laktanz und Victor von Vita (3, 9).
Nach der Ausscheidung des Fremden wollen wir nun auch
das lateinische Element betrachten, innerhalb dessen sich der
Afrikaner ebenfalls leicht von anderen Provinzialen abhebt.
Das schwierigste Problem bildet unstreitig die Beurteilung der
Archaismen. Gewöhnlich findet man die Ansicht vertreten,
die Wörter und Konstruktionen, die sich ausser im Altlateinischen nur bei Afrikanern finden, seien lediglich durch gelehrte Nachbildung in jene Schriften gekommen, hätten also
nicht mehr im afrikanischen Volke gelebt. In der That ist
es ja durch die eigenen Angaben Frontos und Gellius' er-
wiesen, dass sie eifrig altlateinische Schriften um der Sprache
willen gelesen haben; ebenso ahmte Apuleius offenbar die
Komiker nach, indem er teils viele Wörter kurzweg aus
ihnen entlehnte, teils zahlreiche andere nach ihrem Muster
formte[75]). Da Arnobius endlich den Lukrez benützte, um aus
dessen materialistischer Philosophie Waffen gegen das Heiden-
tum zu schmieden, bereicherte er auch seine Sprache aus diesem Dichter[76]). Bis in das sechste Jahrhundert befassten
sich die Grammatiker, von denen wir Nonius und Fulgentius
kennen, mit dem alten Latein; einer Kopie begegnen wir
jedoch blos mehr in der Vorrede der lateinischen Anthologie
(Anthol. Lat. 19), aber dieses Kauderwälsch stammt nicht
mehr aus dem Studium der alten Literatur, sondern der Verfasser schöpfte sein Wissen aus dem Glossenwerke des Placi-
dus, das ihm in einer vollständigeren Gestalt als uns vorlag.

---

75) O. Erdmann, de L. A. Madaur. elocutione, Stendal 1864
S. 13 — 18; Koziol (der Stil des Apulejus), der allen Problemen
sorgfältig aus dem Wege geht, widmet den Archaismen nur S. 310 f.

76) Einiges gibt Reifferscheid, anall. crit. et gramm. p. 9 sq.
Arnobius entlehnte die Wörter augmen (7, 24), differitas (2, 16.
7, 23), exos (4, 8), formamentum (3, 16), formatura (2, 23),
maximitas (6, 18) und wohl auch vocamen (sechsmal) aus Lukrez;
wahrscheinlich stammen nothum lumen (2, 30), saccatus humor
(Urin 2, 37) und intestinus = proprius (vgl. Reifferscheids Index
S. 328) eben daher.

Es ist desshalb zu bedauern, dass die Bearbeiter der Glossarien, selbst G. Löwe dieses wichtige Dokument bisher übergangen haben. Wenn wir nun jene vier Schriftsteller ausnehmen, findet sich keine Spur eines ähnlichen mühevollen und undankbaren Studiums. Dazu kommt noch, dass man von dem Verhältnisse des Archaischen zum Spätlateinischen gewöhnlich eine schiefe Vorstellung hat; hätte das Latein Ciceros und Cäsars wirklich im Volke gelebt, dann müssten wir freilich zur Annahme gelehrter Imitation unsere Zuflucht nehmen, um die zahlreichen Aehnlichkeiten jener beiden zu erklären. In der That hat aber jene Treibhauspflanze mit dem volkstümlichen Latein nichts zu thun, sondern Varro, Vitruv, die anonymen Fortsetzer Cäsars, Petron und die Wandkritzeleien Pompejis stellen allein einen naturgemässen Zusammenhang zwischen den Zeiten Sullas und Hadrians her[77]). Daher ist es tadelnswert, wenn man zu sagen pflegt, dieses oder jenes komme im Altlateinischen vor, verschwinde in der klassischen Zeit und tauche im Spätlatein wieder auf. Ein solches Verhältniss muss von vornherein zur Vorsicht bewegen; noch mehr mahnt uns aber der eigenartige Zustand der Provinz, mit der Annahme eines Archaismus möglichst zurückzuhalten.

So möchte man gannire zu den Archaismen des Apuleius rechnen, wenn nicht auch die Vulgata (Jes. 10, 14) und die italienischen Trecentisten das Wort hätten; dispudet erscheint nach Plautus und Terenz bei Apuleius (apol. 63), aber auch bei Claudius Mamertinus (de stat. anim. 3, 9, 1). Niemand würde ferner zögern, quippini bei Apuleius (met. 9, 26) auf Plaut. Bacch. 1109. Men. 839 zurückzuführen, wenn nicht zufällig der Amiatinus Luc. 11, 28 dasselbe Wort böte. Ebenso wenig hat der Uebersetzer des Irenäus (1, 2, 2. 27, 1), der die Präposition erga in lokalem Sinne gebraucht, Plautus studiert, wesshalb es zweifelhaft bleiben muss, ob Apuleius (dogm. Plat. 1, 13) in demselben Falle Plautus (Truc. 2, 4, 52) vor Augen gehabt habe. Ganz

---

77) Es verdient Beachtung, dass in dem Lande der Pyramiden dasselbe Verhältnis obwaltet; das Neuägyptische, das übrigens das respektable Alter von 3100 Jahren hat, schiebt sich, wie Ad. Erman in seiner neuägyptischen Grammatik (Leipzig 1880) zuerst eingehend nachwies, zwischen das Altägyptische und dessen Sprössling, das Demotische und unterbricht die organische Entwicklung.

sicher steht die Sache bei g r a t u l a r i „danken“, wo Tertullian (pall. 7) und der Boernerianus (Rom. 14, 26) das Spätlatein vertreten, ebenso bei t u r b e l a (Plaut. — Apul. met.
3, 29. 4, 20. 7, 1. d. deo Socr. 234; Aug. civ. d. 8, 17 bis.
10, 2, 7 — Marcus 13, 8 bei Interpr. Orig. in Mt. §. 36).
Selten sind wir so günstig gestellt, dass ein Afrikaner das
Fortleben eines Wortes ausdrücklich bezeugt; dies ist bei
u t r i a (Lucil. fr. inc. 91), wie aus Arnob. 1, 59 (nonne aliud
hacc utria aliud dicitis hos utres?) hervorgeht, der Fall. Ein
anderes Hilfsmittel aber finden wir in der Untersuchung, ob
ein Wort in den romanischen Sprachen sich erhalten habe,
indem es entweder durch Zufall nur bei einem Schriftsteller
Afrikas überliefert ist oder im Laufe der Zeit auch andere Provinzen eroberte [78]). Ersteres darf man bei einem grösseren
Anwendungsgebiete annehmen, also z. B. bei cordolium, das
die Lexika aus der archaischen Periode und Apuleius anführen; es heisst jetzt ital. cordoglio, spanisch cordojo und
provenzalisch cordolh. Als Beispiele mögen im allgemeinen
dienen: adventor Plaut. Apul. Arnob. ital. avventore; praesti-
giator Plaut. Apul. Arnob. ital. prestigiatore, span. prestigiador,
frz. prestigiateur; nutricatio Varro Gell. Apul. ital. nutricazione;
petitus Lucr. Gell. Apul. altital. petito; adagium (- o Val.
Soran.) Gell. Apul. altital. und span. adagio; concubium Plaut.
Enn. Apul. span. concubio; seminium Plaut. Lucr. Varro
Apul. ital. seminio; maccus Nov. Pompon. Apul. ital. macco
„Polenta“ oder „Bohnenbrei“; delicia Plaut. Gell. - es Apul.
span. delicia, frz. délice; facetia Plaut. Apul. ital. u. s. w.

Wir wollen nun, indem wir die vier Archaisten, um das
Resultat klarer zu machen, bei Seite lassen, nur aus solchen
Schriftstellern Afrikas, die nicht archaisieren, einige „Archais-
men“ zusammenstellen: für die O r t h o g r a p h i e geben uns
die Inschriften einen Fingerzeig; hier finden wir nämlich ohne
Unterschied der Zeit und der Religion viele altertümliche

78) Die Wanderungen einzelner Wörter und Konstruktionen aus
einem Lande in das andere haben noch keine Beachtung gefunden;
unsere Schrift liefert zur Erkenntniss dieses wichtigen Gesichts-
punktes einiges Material. Später muss es auch gelingen, solche
Wanderungen mit den historischen und sozialen Verhältnissen in Ver-
þindung zu setzen.

Schreibungen, so Genitive der ersten Deklination auf ai C.
I. VIII 6235. 7219. 7819. 9462. 9842. 9882, sogar in einer
christlichen Inschrift 8706 Urbanais = Urbanaes. Der Diphthong EI erscheint nicht etwa blos in der älteren Zeit wie
10525, 68 bis, sondern auch in späteren Inschriften: civeis
2391. Marteialis 2391. beixit 284 bis.
An Wortformen verdienen Erwähnung itiner = iter [79])
(in der gewöhnlichen Prosa zuletzt bei Iul. Hyg. nach Charis.
134, 20) Fulg. myth. I praef. p. 14?. Mart. Cap. 9, 897;
autumnum = autumnus Varro fr. bei Non. 71, 20. Tertull.
de cor. 9. resurr. 12. Cypr. ad Dem. 3 p. 353, 2 vgl. Charis.
p. 71, 20; ast hat sogar Fulgentius von Ruspä (ep. 3, 19),
der nach dem Zeugnisse seines Biographen keine Kenntnisse
in der lateinischen Literatur besass. Was die Flexionen
betrifft, so will Salmasius bei Tert. pall. 3 aus der Lesart
der Handschriften et talis bestiola in den Text et alis
(= alius) bestiola setzen; indes kann et talis auch eine
Korrektur der Dittographie ettalius sein. Die Inschriften
zeigen noch dreimal Genitive der ersten Deklination auf as:
Donatas 9273. Paulas 9430. . . . . narias 6707. Die Infinitive auf ier [80]) erscheinen in der archaischen Literatur und
auch später noch in Versen, ausserdem bei Fronto (p. 220
portendier), Gellius (15, 2, 1 viderier) und öfters bei Arnobius, dann bei Martianus Capella in Versen p. 25, 18. 26,
6. 16, in Prosa nur 99, 31 E vertier. Aehnlich steht es mit
den Imperfekten der vierten Konjugation [81]), denen
der Bindevokal fehlt: wir finden sie bei den alten Komikern,
den hexametrischen Dichtern und in der buntscheckigen
Sprache Ammians (18, 7, 6 communibant); dazu kommen
ausser unsicheren Fällen wieder die Archaisten Fronto p. 228
inpertibant; Gell. 9, 11, 7 insilibat.15, 2, 1 gestibat (darnach
wohl sein Nachtreter Macrobius sat. 3, 16, 17 ligurribant);
Apul. met. 4, 6. 7, 4. 10, 13. 14. 23. 11, 24. de. mundo 26,
dann aber Fulg. myth. I praef. p. 16. 21. [82]) In den romanischen Sprachen erscheint diese Bildungsweise regelmässig.
In der Syntax ist nur die Kasuslehre vertreten: Der er-

---

79) Neue, lat. Formenl. I² S. 187 f.
80) Neue II² S. 406 ff.
81) Neue II² S. 444.
82) Mart. Cap. 1 §. 88 steht jetzt gestiebat.

starrte Nominativ **fors** „vielleicht" findet sich neben den
Archaikern (Wagner zu Ter. Haut. 715) und den Epikern (Lade-
wig zu Verg. Aen. 11, 50; Venant. Fort. 8, 3, 340. 9, 6, 12)
bei Gell. 12, 8, 2; Tertull. ad natt. 1, 8. ad uxor. 2, 2. 13. cult.
fem. 2, 13. pat. 2. 3. de an. 32; Coripp. Joh. 2, 350. 8, 21;
Aegritudo Perd. 278. Opus est mit dem Akkusativ der
Sache kommt zuerst bei Plautus (Truc. 5, 1, 10 puero
opus est cibum) vor, dann mehrmals bei Tertullian (Salmas.
ad Tert. de pallio p. 368) und Fulg. myth. 1, 18 (non erat
opus criminibus iudicem). Den pleonastischen Genitiv loco-
rum nach tunc kennt ausser den altlateinischen Schriftstellern
und dem Archaisten Symmachus nur Tertullian (pall. 4). Endlich
wiederholen die archaische Phrase 'prae manu esse' Gellius
und Apuleius, aber auch Tertull. apol. 28. scorp. 10 vgl. de test.
an. 4 mit occurrere. Auch bei dem Wortschatze beschränke ich mich darauf, einige Proben zu geben:

adaeque Plaut. — Apul. met. 4, 8. 8, 31. 10, 2; Fronto
    p. 210, 3; Mar. Vict. 2, 2 p. 71, 30 vgl. italienisch
    adeguatamente.
adversatrix Plaut. Most. 257; Ter. Heaut. 1007 — Tertull.
    de anim. 51 vgl. ital. avversatrice.
allubesco Plaut. Mil. 1004 — Apul. met. 2, 10. 7, 11.
    9, 3; Mart. Cap. 1, 25. 31 u. ö. s. Kopp zu 1, 25.
arpago Plautus viermal — Vict. Vit. 3, 63.
bardus Plaut. Ter. Cic. de fato 9 (in einer flüchtig
    geschriebenen Abhandlung) — Tertull. Hermog. 36;
    Arnob. 2, 19; Mar. Mercat. subnot. 6, 1 vgl. ital.
    bardotto.
blatio Plaut. dreimal — Tertull. pall. 2.
capero Naev. Plaut. Varro — Apul. met. 9, 16. flor.
    p. 151. de deo Socr. prol. p. 2, 7 G (105 H); Cael.
    acut. 2, 16 (auch bei dem Archaisten Auson. edyll.
    13 extr.).
castus, Gen. -us Naev. Varro — Gell. 10, 15, 1
    Arnob. 5, 16.
habentia Plautus u. Quadrig. — Aug. c. Faust. Manich. XX.
hamatilis Plaut. Rud. 299 — Tertull. adv. Gnost. 1.
hostio Plaut. Pacuv. — Aug. civ. d. 4, 8 p. 156, 3.
impuratus Plaut. Ter. — Apul. met. 9, 10; Minuc. Fel.
    23, 9 vgl. ital. impurato.

obgero Plaut. — Apul. mag. p. 69. flor. 138; Aur. Victor.

prostibula Plaut. bei Non. p. 423 — Tertull. apol. 6.

ruspari Acc. tr. 441. 489 — Apul. mag. 41, -re Tertull. pall. 2 (auch Altital.) vgl. Löwe, prodr. gloss. p. 429.

solitas Acc. tr. 354 — Apul. met. 9, 18. apol. 22; Valentinian. bei Tertull. adv. Val. 37.

Das Gleiche gilt von den Wortbedeutungen: capulum Sarg Plaut. Lucil. Nov. Varro — Apul. met. mehrmals;,Tertull. res. 32. 38. pud. 14. centenarius unzählig Lucil. bei Non. 18, 21 — Tertull. de cor. 14. apol. 6. pall. 5; Arnob. 2, 75. testis oculatus Augenzeuge Plaut. Truc. 2, 6, 8 — Fulg. myth. 2, 9 vgl. Tertull. adv. Marc. 4, 36 oculata fides; Fulg. Verg. cont. p. 156 oculatus arbiter, auch Altital. teste, giudice oculato.

prorsus lokal und temporal nach Cicero bei Arnob. 2, 5, resp. Apul. de deo Socr. 3.

Endlich dient tempestas im Sinne von tempus bei Viktor von Vita, wie bei Plautus und Sallust, zur Umschreibung temporaler Adverbien.

Diese Beispiele liessen sich leicht vermehren; Vollständigkeit wäre nur bei einem umfassenderen Plane, z. B. bei einer Vergleichung des vulgären und archaischen Lateins wünschenswert. So viel dürfte aber aus dem wenigen hier gebotenen erhellen, dass Afrika und zwar nicht blos seine Gelehrten, sondern auch das Volk selbst vieles altertümliche, das in Italien abgestorben war, länger bewahrte.

Wir kommen nun zum letzten Abschnitte, der von dem Verhältnisse des Afrikanischen zum Vulgärlatein handeln soll. Wir können die Geschichte der Vulgärsprache in vier Epochen zerlegen, 1. die archaische, 2. die klassische d. h. die Zeit des Kampfes mit dem Klassizismus — in diesen beiden weiss man von Afrikanern noch nichts, dagegen sind sie die Fahnenträger der dritten Periode, die mit Frontos Auftreten beginnt, und die der vierten Periode, deren Anfang etwa das vierte Jahrhundert bildet; letztere ist die unmittelbare Vorstufe der romanischen Sprachen. Man darf kühnlich behaupten, dass fast bei allen bedeutenderen Veränderungen

der alten Sprache die Afrikaner mit dem schlechten Beispiele
vorangingen. In der Formenlehre scheint mir poterint = poterunt
afrikanisch; wenigstens kommt es sonst nur in einigen kirchlichen Handschriften (Bensly, missing fragments p. 72 note 88)
vor, bei Cornificius hat es nur Kayser in den Text zu setzen
gewagt. Für Afrika sichert aber die Form die Uebereinstimmung von Anon. bei Cypr. ep. p. 487, 11; Nemesianus ib.
p. 439, 10; Cael. chron. 2, 150; Theod. Mops. in Galat. p. 2,
2. 4, 16. 163, 24. 202, 11; Coripp. Just. 3, 375 (in der besten
Handschrift).

In der Syntax fällt das Hauptgewicht auf die Auflösung
organischer Formen. Der Ersatz des Genitivs durch die
Präposition de[83]) wurde schon im archaischen Latein (Schmilinsky, de proprietate sermonis Plautini p. 9) und bei den
schlechten Stilisten der klassischen Zeit (Dräger I[2] S. 459f.
628; Rönsch S. 416f.; Köhler, acta sem. Erl. I 439) vorbe-
reitet; häufiger wird der Gebrauch bereits bei Tertullian z. B.
apol. 5 portio Neronis de crudelitate, massenhaft aber bei
Cyprian (s. Hartels Index p. 419) und seinen Korrespondenten
(Firmilianus p. 821, 21 und Nemesianus p. 834, 8). Später
nimmt er im ganzen Reiche zu und ist in Afrika besonders
durch Cassius Felix (vgl. Roses Index S. 231) vertreten;
sogar ein klassisch gebildeter Mann wie Luxorius schreibt
Anthol. Lat. 345 epitaphion de filio Oageis infantula.

Auch die Präposition ad scheint ihr Gebiet auf Kosten
des Dativs zuerst in unserer Provinz erweitert zu haben; wenigstens überschreitet das Gebiet der jederzeit gewöhnlichen
Phrasen wie respondere ad u. dgl. zuerst confiteor ad dominum deum bei Tertull. de pat. 1.

Die Umschreibung eines eigentlichen Instru-
mentalis durch de[84]) scheint nicht über die Zeit des
Apuleius zurückzugehen; dann finden wir Apul. met. 3, 8 de
latronis huius sanguine und de vindicta solatium date. 6, 12

---

83) Das Buch von Clairin, du gén. latin et de la prép. De. Paris
1880 ist, obgleich auf Kosten des Ministeriums gedruckt, ganz un-
wissenschaftlich und wertlos; nur die Benützung der spätgallischen
Literatur verdient Lob.

84) Dräger I[2] S. 630. Rönsch S. 426 f.

de solis flagrantia. 8, 8 Thrasyllus de ipso nomine temerarius.
9, 40 de vastiore nodulo diffindere; Minuc. Fel. 18, 6 u. ö.
s. Halm S. 65; Tertull. spect. 25. apol. 1. 9. 11. 23. 35. 50.
orat. 14. de anima 13. cor. 1. pall. 1. adv. Valent. 24. scorp. 1.
mart. 1. 5. 6 u. ö.; Arnob. 4, 33. 5, 21. 6, 10. 7, 3 bis. 13.
17. 24; Cypr. oft s. Hartels Index S. 419; Anthol. Lat. 223,
13. 302, 5 ff. 333, 6. 384, 3; Symphos. praef. 1. 9. 12. 4, 1.
?72, 3. 75, 3; Orestis trag. 542 vgl. 431. 886; Victor Vit.
prol. 1; 1, 23. 37; Pass. Perp. et Fel. 21; Fulg. myth. 1, 4.
24. 2, 5 bis. 7. 3, 9; Cassius Fel. 20. 42 bis. 61 bis. Sonst
folgten die Verbündeten der Afrikaner, Laktanz (inst. 4, 26,
37) und Commodian (apol. vgl. Ludwigs Index s. v.) dem
von ihnen gegebenen Signale zunächst; andere späte Beispiele gibt Muncker zu Fulg. myth. I p. 57, vgl. Leo im Index
zu Venant. Fort. p. 317.

Von der Ersetzung des Komparativs durch plus mit
dem Positiv war schon im zweiten Abschnitte die Rede;
noch deutlicher prägte sich der Afrikanismus in dem analogen
Ausdruck des Superlativs aus [85]): Tertull. spect. 27 plurimum dulcis. adv. Marc. 1, 1 p. nuda; Aug. civ. d. 5, 3 extr.
p. diversa; Cael. Aur. chron. 1, 9 p. lucido. 4, 85 p. sicca.
4, 85 p. sicca. 5, 13 p. minutus. Einige Jahrhunderte später
gelangte er nach Sicilien, dem Nachbarlande Afrikas (Firm.
Mat. math. 171, 30 ingeniosus, 197, 9 piger, 337, 29 locuples);
auch der Geoponiker Gargilius Martialis (c. 28) mag daher
stammen.

Noch interessanter ist die Umschreibung des Futurs mit habeo [86]). Die Reihe der sicheren Beispiele eröffnen Bibelcitate bei Tertullian (Rom. 8, 18 bei Tert. scorp.
13; Luc. 21, 26 bei Tert. Marc. 4, 39), dann erscheint habeo
ausserordentlich oft bei Tertullian (vgl. Rönsch Itala S. 447 ff.
und das neue Testament Tertullians S. 581. 587. 612. 624.
648; Kellner in der theol. Quartalschrift 1876 S. 237), hierauf

---

85) Wölfflin, Comparation S. 30.
86) Koffmane, Gesch. der Kirchenlateins I S. 122 f.; Hagen,
sprachl. Erörterungen zur Vulgata S. 42; Diez, Gramm. der rom.
sprachen II S. 110 ff. Schmilinsky (a. O. p. 28) führt Plaut. Rud. 748
liberos sublectos habebis atque conteres an, obgleich es sich gerade
um den Infinitiv handelt.

bei Cyprian (test. 1, 4. orat. domin. 3. 34. ep. 52, 3. 57, 3.
63, 6) und Ps. Cypr. mont. Sina 5 u. a. Sonst dürfte die älteste
Stelle wieder bei Lactant. inst. 4, 12, 15 stehen. Wie das
Vulgärlatein im Allgemeinen nicht immer auf dem geraden
Wege in das Romanische überging, sondern mancherlei Mittel
versuchte, um sich endlich für eines zu entscheiden, so liegt
in Coripp. Joh. 6, 89 miseris [87]) modo matribus Afris iam servire volunt ein Zeugnis dafür vor, dass die Afrikaner von
der gleichen Anschauung, wie die Walachen, Neugriechen und
Engländer ausgehend, auch volo zur Umschreibung des Futurs
zu verwenden versuchten [88]); Corippus will doch gewiss nicht
sagen, dass die gefangenen Maurinnen den Frauen der Afrikaner willig dienen [89]).

Nach der Ausscheidung dieser Kategorie nehmen wir
nun die einzelnen Redeteile vom syntaktischen Gesichtspunkte
durch. In der Kasuslehre verdient die Verwirrung der
Begriffe von Ruhe und Bewegung eine besondere Aufmerksamkeit. Die Fälle in altlateinischen Inschriften, welche
Hübner in der Ephemeris epigr. II p. 218 sq. zusammenstellt,
lassen sich alle aus dem Abfalle oder der falschen Hinzu-
fügung von M erklären; Schwierigkeit könnten höchstens die
Verbindungen in eum agrum possidebit habebitve und in
agrum compascuom pascet in der Lex agraria (Absatz 14)
machen. Aber auch diese fallen bei dem schwankenden
Themavokale der zweiten Deklination dem Schreiber und nicht
den römischen Behörden zur Last. Ebensowenig darf man
den Handschriften glauben, so lange keine untrüglichen Beispiele im Plural vorliegen. Wenden wir uns nun an die
Grammatiker, stossen wir auf die bekannte Stelle des Gellius
(17, 2, 11): „Nos, inquit, in medium relinquemus. Vulgus 'in
medio' dicit: nam vitium esse istuc putat et, si dicas 'in medium ponere', id quoque esse soloecon putant; sed probabi-
lius significantiusque sic dici videbitur, si quis ea verba non

---

87) Wenn ich nicht irre, ist miserae zu emendieren.

88) Einen anderen Weg schlug der piemontesische Dialekt von
Valdieri und auch nicht selten das Französische ein; dort hat nämlich
vado das Uebergewicht bekommen.

89) Schmilinsky (a O. p. 28) zieht ohne Not Plaut. Most. 66 ego
ire in Piraeum volo hieher.

incuriose introspiciat; Graece quoque ϑεῖναι εἰς μέσον, vitium
id non est." Diese Worte und ähnliche (1, 7, 17) beweisen
gerade, dass das Volk damals noch mehr Sprachgefühl besass
als der hochmütige Grammatiker, der lieber schlechte Handschriften als den simplen Verstand sich zur Richtschnur nahm.
Wenn daher auch Gell. 6, 14, 9 an der Richtigkeit der handschriftlichen Lesart kein Zweifel obwalten kann, darf man
dem Tacitus (Germ. 46) den Solöcismus 'in medium relinquo'
nicht aufdrängen. Selbst dem Trimalchio hat Bücheler Unrecht
gethan, wenn er ihn bei Petron. 49 sagen lässt: Voca coquum
in medio, da der berühmte Parvenü sonst immer mit der Präposition ‚in‘ den richtigen Kasus verbindet z. B. 33 (in triclinium venire). 41 extr. (in triclinium ire). Tertullian hat,
während mutata in lapide Apul. met. 6, 14 wohl auf einem
Schreibfehler beruht, zuerst eine nennenswerte Anzahl von
Beispielen dieses Solöcismus, darunter auch pluralische z. B.
scorp. 3 tradidit in manibus . apol. 12 in insidiis relegamur .
ad natt. 1, 11 in vobis transferendum . virg. vel. 1 receptum
in caelis. Aus späteren Autoren hunderte von Stellen aufzutürmen, kann nicht schwer fallen; Beiträge liefern dazu De-
derich zu Dictys p. 515, Mommsen im Jordanes p. 176,
Muncker zu Hygin. fab. 51. 92, Rose im Cassius p. 241,
Riese, hist. Apoll. R. p. XIV, Ascensio Isaiae ed. Dillmann
p. 77 ff., Petschenig im Victor Vit. p. 159 f., Rönsch, Itala
S. 406 f., Ziegler, Italafragmente S. 17, Hagen, sprachliche
Erörterungen zur Vulgata S. 14—17, Kaulen, Handbuch zur
Vulgata S. 198. 206 f. 232 f. und Koffmane, Geschichte des
Kirchenlateins I 123. Auch die Indices des Corpus inscriptionum dürfen nicht vernachlässigt werden. Die Herausgeber
haben diesen Sprachgebrauch nicht selten „wegemendiert“
z. B. steht Arnob. 1, 19 p. 14, 11 in aliis irasci in der einzig
massgebenden Handschrift; Sabaeus änderte in alios, Salmasius aber aliis, was Reifferscheid in den Text aufnahm, obgleich keine Aenderung statthaft ist. Dagegen kommt der
umgekehrte Fall (in mit Akkusativ statt mit dem Ablativ)
viel seltener und zuerst bei den Afrikanern vor: wenn auch
Apuleius de dogm. Plat. 2, 23 schwerlich in eius manus est
schrieb, so ist doch an folgenden Stellen Tertullians kaum
zu zweifeln: apol. 40 Christianos esse in causam . pers. 7
timidis offert .... particulam in stagnum sulphuris . 10 illum

.... in uterum etiam bestiac invenio . Marc. 2, 22 in arcae figuratum exemplum. orat. 1 in abditum etiam adesse . scorp. 11 in carcerem fratrem vult visitari . idol. 15 idololatriam in hominis causam esse. res. carn. 1 quae in Christum resurrexerit. Wir finden dann Arnob. 6, 7 (in Capitolium). '7, 35 (in rerum naturam), aber ein Beispiel mit dem Plural erst Arnob. inn. de deo tr. 1, 4 (in rebus obscuris ingreditur); Vict. Vit. 2, 1 (in primordia regni). ? 4 (in Constantinopolim sunt). ? 44 (deessent in Africam). pass. 5 ? (potari .... in mensuram) . 10 (in medium pelagus concremari); Luxorius Anthol. 293, 4 (Zephyri es natus in antra); Dracont. 4, 18. 5, 118. 9, 121 vgl. sat. 203 (in arma pares); Porphyrio c. 1, 1, 7 (excipiebantur in theatrum). 31, 1 (in Palatium dedicavit). 4, 4, 28 (in domum Tiberii Claudii .... peperit) ⁶⁴); Cassius Felix 9. 66, vgl. bei appono 64. infundo 37. 40. includo 12; C. I. L. VIII 943 (christlich) in pacem. 1106 und 1767 (christlich) in hoc signum. Aehnliche Fälle aus späterer Zeit besprechen Rönsch (S. 410 f.), Hand (Tursellinus III S. 344 ff.), Muncker zu Hyg. fab. 41, Riese in der Vorrede zur Historia Apollonii regis p. XIV und Leo im Index zu Venantius Fortunatus p. 403. Den dort verzeichneten Stellen füge ich Macrob. sat. 1, 7, 22. 12, 26 und Anthol. Lat. 4, 21 bei. Hieher gehört es auch, dass manche Afrikaner den Ablativ statt des Akkusativ der Richtung setzten: Orestis trag. 46 pracire Mycenis (natürlich von Mähly in Mycenas geändert), Liberatus brev. 18 Ephesi convenerunt und Theod. Mops. p. 115, 9. 116, 2 Ephesi accessit. 116, 15 Romae accessit. Dagegen haben ubi = quo und ibi = eo die Afrikaner nur zuerst angewendet: jenes findet sich schon Apul. met. 9, 39 ubi ducis asinum istum?, dieses aber met. 7, 20. Ubi steht in derselben Bedeutung Ps. Fulg. serm. 60, 931 a; Victor. Vit. 2, 10. 27. 32. 3, 16. 17; Fulg. myth. 2, 12; Cassius 69, ausser Afrika erst Gallic. Av. Cass. 9 (mit Salmasius' Note); Rönsch S. 408; Greg. dial. 1; Eugipp. vita Sev. 15, 2; Jordanes fünfmal s. Mommsen p. 199. Das andere kommt, wenn wir eine Stelle des Oströmers Gaius (dig. 1, 2, 1) ausnehmen, erst Vulg. Genes. 14, 10. Tob. 14, 7: 2

---

64) Ich trage Bedenken, diese Stellen mit Petschenig (zu den Scholiasten des Horaz 1873 S. 8) zu korrigieren.

Esdr. 13, 9. 2 Macc. 2, 5 und in ganz später Zeit bei Haimo homil. p. 37 und Lact. Planc. p. 804. 880 M vor. Illo = illic tritt bei Theod. Mops. p. 83, 9. 23 auf und endlich sogar die Präposition foras für foris bei Ps. Fulg. serm. 6, 866 c foras Hierusalem.

Was die Komparation betrifft, so dürften egregie und eximie bei tadelnden Wörtern, wozu angustus eximie bei Columella 1, 3 den Uebergang bildet, den Bewohnern Afrikas eigen sein; man vergleiche Gell. 20, 1, 13 improbus und Apul. met. 8, 17 trepidus. 9, 12 extr. fatigatus. Die Kehrseite davon gibt der etwas burschikose Ausdruck Frontos horribiliter scripta oratio (p. 29). Das gleiche gilt von der Steigerung des Positivs durch longe, oft bei Apuleius (Hand Tursellinus III p. 552) und Aur. Victor Caes. 5. 8. 14. 16. 20, oder omnino in der Vita Fulgentii 36 velociter. 20 delicati und intolerabilis. 25 extr. perfectus. Während dann zuerst die Spanier, wie wir aus der Lex Malacitana (§. 57 prior quisque) schliessen dürfen, einen Komparativ mit quisque zu verbinden gewagt haben, stiegen die Afrikaner zum Positiv herunter, was zuvor nur Tacitus in den Annalen (Ann. 12, 43 invalidus quisque) gewagt hatte [65]): Apuleius (mag. 3 bonus q. d. Plat. 2, 7 bonus q., auch der apocryphe Asclep. 18) steht wieder an der Spitze und Tertullian mit zahlreichen Beispielen [66]), Aurelius Victor (Caes. 20 bis. 42. epit. 2. 10), Victor Vit. 2, 52 (peritos quosque), Caelius Aurelianus (chron. 1, 114 alia q. nequitia. 3, 118 ceterae q. 46 cetera q. 81 dura q. 2, 148 similia q. 150 sorbilia q. 183 patientibus q. vicinis atque contiguis. 3, 85 frigida q. 139 arida q. 152. 5, 136 pinguia q.) und Cassius (50, 1. 190, 12 solida q.) folgen seinem Vorgange, wie auch spätere Schriftsteller anderer Provinzen. Die sonstigen Eigentümlichkeiten der Komparation sind bereits im Abschnitte über die Punismen behandelt.

Bei den Pronominibus fällt am meisten der Ersatz von talis durch eiusmodi oder huiusmodi auf, worin die Afrikaner wieder so weit gehen, dass sie letztere ohneweiters mit Präpositionen verbinden z. B. in eiusmodi Tertull.

---

65) Wölfflin, Comparation S. 81 ; Paucker, Ztsch. f. öst. G. 1881 S. 483.
66) Wölfflin S. 81.

spect. 16. 21. pud. 20. idol. 14. 21. apol. 49; ab eiusmodiTertull.
praescr. baer. 5; pro eiusmodi Tertull. ieiun. 7; cum eiusmodi
Tertull. ad uxor. 2, 3 vgl. ad Hermog. 8; in huiusmodi Tertull. pat. 9. exh. cast. 1. adv. Marc. 5, 15. ad Scap. 4. idol.
13. 14. 15. adv. Valent. 7. ad natt. 2, 1. Erst zwei Jahrhunderte später, als eiusmodi und huiusmodi dem alten talis
ein bedeutendes Gebiet entrissen hatten und die Uebersetzer
τοιοῦτος oft so übertrugen, gelangte das Bibellatein durch
die Schuld allzu ängstlicher Interpreten zu ähnlichen Verbindungen [67]), z. B. übersetzen die Vulgata und der Interpret
des Theodorus von Mopsuestia Gal. 5, 23 κατὰ τῶν τοιούτων
mit 'adversus huiusmodi'. Vom Bibellatein kam dies in das
Mittellatein, wie wir aus dem Konstantinsroman (c. 10 ad
huiusmodi . 36 de huiusmodi) ersehen.

Bekanntlich haben sich in den romanischen Sprachen die
Tempora nicht unbedeutend verschoben; namentlich trat
an die Stelle des untergehenden Konjunktiv des
Imperfekts der des Plusquamperfekts[68]). Die Afrikaner waren zwar nicht die ersten, da schon ein enfant ter-
rible der klassischen Zeit, der Verfasser des bellum Hispani-
cnse diesen Solöcismus nicht selten anwandte, vgl. Kübler
in den acta seminarii Erlangensis I p. 418. Da jedoch weder
sein Kollege noch Vitruv noch auch Petron oder ein anderer
schlechter Stilist hierin wider die Grammatik sündigen, obgleich auch gute Autoren den Indicativ des Plusquamperfekts
freier gebrauchen, so kann ich den Zweifel nicht unterdrücken,
ob der Auctor belli Hispaniensis wirklich von römischen
Bürgern abstammte; ich möchte ihn trotz seines Citates aus
Ennius lieber für einen homo peregrinus, wenn nicht geradezu für einen Hauptmann, der zu den afrikanischen Guerillas
des Sittius gehörte, halten; diese leisteten nämlich Cäsar so
gute Dienste, dass er sie in Cirta ansiedelte. Wie dem auch
sein mag, jedenfalls ist der nächste Apuleius, der nicht nur

---

67) Rönsch übergeht diese unlateinischen Wendungen.
68) K. Foth, die Verschiebung lateinischer Tempora in Böhmers
romanischen Studien H. 8 (Strassburg 1876) S. 3 ff.; Fr. Hugo Brehme,
linguarum noviciarum laxam temporum significationem iam priscis
linguae Latinae temporibus in vulgari elocutione perspici posse, Göt-
tingen 1880 (Diss.); Rönsch S. 431. 543; Haase bei Reisig, Vorl. über
lat. Sprachw. S. 456 f. A. 456.

in den Metamorphosen (7, 28 donec confoedassem), sondern auch in der sorgfältiger geschriebenen Apologie (c. 44 vellem hercle adesset .... invertisset und 61 dei cui ex more meo supplicassem) das Plusquamperfekt für das Imperfekt setzt. In der Folgezeit dominieren, wenn wir als untere Grenze Boethius annehmen, entschieden die Afrikaner; in anderen Provinzen findet man im eigentlichen Altertum nur wenig Beispiele: Lucifer von Calaris (pro Athan. I p. 44. 56. II p. 94) schliesst sich wie gewöhnlich an jene an. Spanien vertritt Oros. 1, 8, Gallien Salv. gub. d. 6, 75; dazu kommen Lamprid. Heliog. 12; Capitol. Anton. Phil. 27. 29; Dictys 1, 22. 3, 19; Phocas, Anthol. 671, 28 potuisset, neben 27 toleraret. Erst in sehr späte Zeit gehören Cassiod. compl. 6 in 1 Petr. 2 in Iud. 10 und 14 in Act.; Gregor. dial. 2, 16 u. ö.; Aethicus praef.; Haimo homil. p. 42; Jordanes p. 129, 21. Jenen wenigen Beispielen stehen nun in Afrika sehr zahlreiche gegenüber: Tertullianus (z. B. pall. 1. 5), Arnobius (1, 33. 2, 37. 6, 33 u. ö.) und sogar Cyprian (vgl. Salmas. zu Tertull. pall. p. 121)[69]) gebrauchen den Konjunktiv des Plusquamperfekts oft falsch. Aus Augustin ist mir kein Beispiel bekannt, doch wendete er ihn jedenfalls wie sein Zeitgenosse Optatus (1, 19. 2, 4) an; aus Ps. Fulgentius verdient serm. 21 col. 888 c: duobus suspendit petitionem, ne ceteris inflexisset livorem Erwähnung. Auch die Dichter blieben nicht frei davon: Dracont. 7, 4. 18. sat. 294 und Coripp. Joh. 1, 380. 451 ff. 2, 126. 6, 770. 7, 188. Am häufigsten hat Viktor von Vita die Tempusverschiebung: pers. Wandal. 1, 20. 39. 47. 49. 2, 2. 12. 23. 27. 28. 44. 3, 8. 11. 15. 16. 19. 21 bis. 27. 30. 61. pass. 15, bei fuissem 2, 16. 3, 21. 34, neben dem Passiv 3, 30. Fulgentius steht nicht viel hinter ihm zurück: myth. I praef. p. 6. 1, 1. 27. 2, 14 u. ö. vgl. Zink S. 47, dagegen kommen bei Caelius Aurelianus nur sehr wenige Beispiele (z. B. chron. 1, 106) und bei Cassius kein einziges vor, wahrscheinlich Dank der buchstäblichen Uebertragung aus den griechischen Originalen. Sogar eine christliche Inschrift Afrikas belegt den Sprachgebrauch: C. I. VIII·684 b 2—5 vereretur, quis — fuisset. Auch hier

---

69) Hartel hat diesen Sprachgebrauch leider nicht beobachtet.

bereiten die Afrikaner die Umgestaltung des Lateinischen zum
Romanischen vor.

Wenn meine Sammlungen bezüglich des Indikativs in
der indirekten Frage nicht einseitig wären, würde ich
auch hier, was das Spätlatein anlangt, für die Afrikaner den
ersten Platz beanspruchen. Behauptete Dräger (II² S.
475) mit Recht: „Auch aus späterer Zeit ist wenig anzuführen",
so würden gegen hundert Belegstellen aus Afrika dieser Provinz entschieden den Vorrang verschaffen; aber man darf annehmen, dass sich auch aus der übrigen Literatur ebensoviele
beibringen liessen, vgl. Rönsch, Itala S. 428f.; Hagen, sprachliche Bemerkungen S. 55; Kaulen, Handbuch zur Vulgata
S. 248; Thielmann, über Sprache und Kritik des lat. Apollonius-
romans S. 40; Boethius, de musica von Meiser p. 531; Mommsen zu Jordanes p. 190; Leo zu Venantius Fortunatus p. 404;
Bährens, unedierte lateinische Gedichte S. 31 u. s. w.

Dagegen unterliegt es keinem Zweifel, dass der Indikativ nach licet[70]), den die Analogie von quamquam und
etsi hervorrief, in Afrika besonders blühte: Apul. met. 2, 6
licet salutare non erit, in älteren Ausgaben bei Cypr. ep. 82;
Dracontius 1, 20. 2, 97. 124. 9, 211 (der Konjunktiv steht
nur 8, 466 f. licet .... sinat, wo auch der Indikativ me-
trisch möglich wäre); Coripp. Iustin. 1, 85 licet haec deus
omnia fecit[71]); Aegritudo Perdicae 128; Mart. Cap. 1, 11
p. 6, 3 ff. licet ..... perhibebant; Fulg. myth. I pr. p. 23.
Ihnen reiht sich der afrikanische Bischof Commodian wieder
an, vgl. instr. 1, 15, 8. 2, 10, 3. apol. 611 und neben ihn
stellen sich die peregrini Jordanes (viermal s. Mommsen
S. 191) und Ammianus Marcellinus (vgl. G. Hassenstein, de
syntaxi A. M. p. 41), zu denen vielleicht auch Macrobius
(sat. 1, 2) gehörte. Die übrigen mir bekannten Stellen sind
Spart. Hadr. 1 (zweifelhaft); Ambros. serm. 1 (durch die
Nachstellung von licet entschuldigt); Ps. Musa praef. de herb.
Veronica; Isid. d. nat. r. 26 und Venant. Fort. 8, 10, 9. 10,
11, 19.

---

70) Hand, Turs. III p. 545 sq.; Koffmane, Geschichte des Kirchenlateins I S. 132; Munker zu Fulg. myth. I p. 23.

71) Der Indikativ könnte hier, da der Panegyricus sonst ziemlich korrekt geschrieben ist, der Nachbildung von Verg. Buc. 1, 6
deus nobis haec otia fecit seine Entstehung verdanken.

Die Beobachtung der Wortstellung ergibt ebenfalls
viel interessantes, aber da hier über die nichtafrikanische
Literatur fast gar keine Beobachtungen vorliegen, wage ich
es vorläufig noch nicht, unseren Provinzialen etwas zu vin-
dizieren.

Der syntaktische Teil möge mit der Betrachtung der
Wörter, die den Uebergang zum lexikographischen bilden,
also der Partikeln beschlossen werden. Unter den Präpositionen nimmt sub infolge von Verbindungen wie sub iudice
u. dgl.[72]) fast die Bedeutung von coram an[73]): Tertull. carn.
9 sub diabolo esurit et sub Samaritide sitit. ähnlich Prax. 27.
carn. 24 sub tribus arbitris. apol. 9 sub Catilina tale degus-
tatum est. 45 sub deo omnium speculatore. bapt. 6 in aqua
emundati sub angelo. test. an. 2 sub Aesculapio stans. praescr.
16 sub duobus aut tribus testibus castigandus. 25 sub multis
testibus proferebatur; Acta Saturnini (J. 3Q4) 7 sub carnifice
rabiente. Dagegen zieht Rönsch (a. O.) fälschlich hieher
1 Tim. 6, 13 sub Pontio Pilato und Tert. Valent. 30 sub potes-
tatibus istius saeculi, in denen sub seine Kraft bewahrt. Cis
setzt zuerst Tertullian (apol. 2. pud. 20 in. adv. Marc. 4, 35)
in der Bedeutung von „in Betreff“, indem er es vielleicht mit
circa verwechselt; später nahmen der Uebersetzer des Irenäus (Rönsch S. 398) und Cod. Just. 4, 1, 7 diesen Ausdruck
an. Auch merito „wegen“ brachten die Afrikaner auf[74]):
Apul. apol. 8 (eius merito os .... praelavitur) Tertull. Marc.
4, 8. scorp. 8 u. ö.; Concil. Carthag. vom Jahr 525 bei Har-
duin II p. 1081 recht deutlich merito senectutis subscribere
non potuit; Victor Vit. 1, 35. 2, 16. 41, auch mit pro: bei Aug.
brev. collat. 3, 15, 27 pro martyrii sui merito. Damit hängt
zusammen, dass Fulgentius (myth. 3, 10) morborum meritum
statt morborum causam schreibt. Nach Tertullian ist der Gebrauch anderwärts nicht selten: Rönsch (S. 398) führt je eine
Stelle aus Capitolinus und Lampridius und sechs aus Sulpicius
Severus an, zu denen man füge Ulp. dig. 1, 1, 1; Cod. Theod.
9, 37, 2; Jul. Val. 2, 44; Itin. Alex. 12. 40. 83. 101. 105.

---

72) Vgl. Dirksen, manuale p. 915 a § 12.
73) Rönsch S. 397.
74) Koffmane, Geschichte des Kirchenlateins I S. 142; Paucker,
scrutarium 10*; Dressel, lexical. Bemerk. zu Firm. Mat. Zwickau.
1882 S. 24.

bis[75]). Eine Parallele bietet sich in beneficio mit Genitiv, das unserem „Dank" zu vergleichen ist, vgl. paupertatis beneficio Vita Cypr. 10. Die lokale Anwendung von penes hätte vielleicht besser ihren Platz unter den sogenannten Archaismen gefunden; denn wiewohl wir sie jetzt fast allein aus Afrikanern belegen können, muss sie doch einmal in der lateinischen Sprache geherrscht haben, da alle Präpositionen ursprünglich ein lokales Verhältnis bezeichnen. Wir finden jetzt penes so angewendet Tertull. apol. 3. 9. 10. 19. 21. 23. 30. 37. 39. 46. 50. ad natt. 1, 12. 14. 15. 16. 2, 9. carn. 20 (scripturas). pall. 2 (aures). paenit. 4 (aquas). praescr. 8 (deum). adv. Hermog. 41. pud. 1. adv. Marc. 4, 24. 36. de an. 2; Ps. Cypr. carmen de Sodoma v. 10; Celerinus bei Cypr. p. 529, 12. 17. 530, 5. 531, 4. 532, 13; Fulg. myth. 2, 1 viermal, ausserdem bei Juristen, vgl. Dirksens manuale p. 694 a. Schlimmer erging es den Präpositionen in der Vandalenzeit: pro steht vom Zwecke bei Vict. Vit. 2, 41 pro disputatione fidei veniatur. 3, 32 sese pro defensione ecclesiarum catholicarum venisse. 3, 47 pro hac re . . . . destinati und Notitia prov. et civ. Africae am Anfange: venerunt pro reddenda ratione fidei oder vom Grunde Vict. Vit. pass. 4 pro miseratione dari praecepit. Dracontius gebraucht per sehr frei, worüber man Dubns Index S. 110 vergleiche; etwa ein Jahrhundert später finden wir die gleiche Erscheinung bei Venantius Fortunatus (Leo p. 412). Ein ähnliches Verhältnis treffen wir auch bei den Adverbien: die älteren Afrikaner bieten wenig Bemerkenswertes. Hactenus „nicht mehr" findet sich sehr oft in der von Tertullian gebrauchten Bibelübersetzung und bei ihm selbst (Rönsch, Itala S. 340 f. und das neue Testament Tertullians S. 646. 666. 720; Oehlers Index S. CL), überdies auch Ps. Cypr. carmen de Sodoma 4 und Vita Cypr. 16. In derselben Bedeutung

---

75) Hand in Hand mit der Verallgemeinerung der Pseudopräposition merito geht die des Adverbs merito (= re vera) Minucius F. 30,3. 31, 4. 37, 11; Vict. Vit. 2, 42; Dracont. 5, 14. 295, vgl. Paucker, subrel. lex. lat. scrut. p. 14*) und des Verbums merere (Minuc. Fel. 5, 12. 6, 1. 3. Aug. civ. d. 1, 15; vgl. Paucker, l. c. p. 45 sqq., aber nicht Minuc. Fel. 13, 2 merito . . . . meruit, was nur schwülstig ausgedrückt ist.)

steht hactenus non Apol. met. 6, 18; Tertull. pud. 17; Ps.
Tert. carmen de Sodoma 4 und Herm. Past. 1, 3, 3, dessen
Uebersetzung möglicherweise aus Afrika stammt. Denique
dient sehr oft nur dazu, ein Beispiel anzuknüpfen oder die Spezi-
fizierung eines Gedankens einzuleiten [76]); der erste ist wieder
Apuleius (met. 1, 4, 18 u. ö. vgl. Becker, studia Apuleiana
p. 32; Kretschmann p. 105; Koziol p. 298), ihm folgen Tertullian (apol. 1. 9. 40. 42. pall. 2. ad natt. 1, 4. 5. 10. 2, 4.
idol. 11. spect. 3. praescr. 2. cor. 3. 10); Cyprian (ad Donat.
1. orat. 11. 23. mortal. 2. 14. 16. ad Demetr. 4. op. et elcem.
8. d. bon. pat. 7. 8. 11. zel. et liv. 8), Viktor von Vita (2,
71. 94), Fulgentius (Zink S. 58) und Caelius Aurelianus (acut.
1, 52. 106. 122. 137. 151. 2, 59. 3, 109. chron. 1, 51. 57. 152.
176). Ausserhalb dieser Reihe stehen nur einige Juristen,
Faustinus (trinit. 6, 5) und am Eingange des Mittelalters Venantius Fortunatus (Leo p. 397). Nicht minder entstanden die
eigentümlichen wohl elliptischen Verbindungen si utique =
utique und si quando = quandoque in Afrika; beides gebraucht schon Tertullian und zwar jenes apol. 49. cult. fem.
1, 9. adv. Marc. 4, 7. 30 (dann Laktanz 5, 13, 4), dieses ad
natt. 2, 14. pud. 1. de an. 18. ieiun. 14. adv. Marc. 3, 15.
5, 3. 7. Das Spätafrikanische stand hier einer ähnlichen Verwirrung wie bei den Präpositionen gegenüber. Auch hier beschränke ich mich auf ausgewählte Beispiele, um nicht die
Nerven der nur mit der Klassizität vertrauten Philologen auf
das empfindlichste zu erregen. Diese Zerrüttung erstreckt
sich nicht auf das Gebiet der Adverbia allein, obwohl auch
hier bedenkliche Fälle, wie primitus = prius, primum mit
Beziehung auf tum und deinde Ps. Fulg. serm. 53, 920 d;
Vita Fulg. 23. 28; Theod. Mops. p. 90, 20, sogar = inprimis
Vita Fulg. 34, nuper = nunc Fulg. myth. p. 607 und primum — sic (= deinde) Fulg. Verg. cont. p. 143. 144. 145,
vorkommen, sondern greift dadurch in die Konjunktionen
hinüber, dass Adverbia zum Periodenbau verwendet werden.
Adeo = ideo kommt im Spätlatein überhaupt vor; s. Pauckers
subrelicta p. 60 z. B. Victor Vit. 3, 7. 12, zuerst aber wohl
Minuc. Fel. 6, 2. 7, 6. 16, 5. 34, 11. 36, 8. 37, 7. Dagegen
scheinen afrikanisch zu sein: quantum etiam = sed etiam

---

76) Hand, Turs. II p. 277.

Fulg. myth. 2, 14. 3, 5. Verg. cont. p. 137; quantum =
quod Fulg. myth. 3, 9; quare = quod Victor Vit. 3, 20
vgl. das gallische cur, das in demselben Sinne angewendet
wird; nihilominus 'nämlich' bei Fulgentius s. Zink S. 58;
quo = quoad Cael. chron. 4, 57 (inustae primo, quo sint
igne pellucidae, tum auferendae).
Noch schlimmer erging es in derselben Zeit den Konjunktionen. Auch hier sollen die bekanntesten Veränderungen den Zug eröffnen, um auf das Schlimmere vorzuberei-
ten. In den Belegen für seu (sive) = et sind die Afrikaner
durch Dracontius (sat. 5 principio seu fine carens) und Cassius Felix (Wölfflin S. 428: 179, 11 antiqui seu veteres. 2, 1
tardum sive inveteratum dolorem. 64, 16 hostile sive inimi-
cum) vertreten; wir finden diesen Gebrauch nicht blos bei
anderen Schriftstellern (z. B. Jordanes p. 65, 12; Venant. Fort.
4, 28, 7. 8, 3, 327. 9, 2, 24), sondern auch in Inschriften
(C. I. L. VI, und Brambach C. I. Rhen. 70). Bei der noch
häufigeren Verwendung von nam und enim, um Sätze nach
Art des griechischen δέ einfach anzuknüpfen, haben die Afrikaner unstreitig die Priorität. Nam führte in dieser Bedeutung zuerst Commodian in die Literatur ein; vgl. apol. 256
aves sua tempora norunt, nam [codd. non] populat iste non
me intellexit adesse. 677 nemo sibi faciat simulacrum daemo-
nis, inquit, nam et illis idolis < unquam > servire nolite, was
Ludwig nicht hätte ändern sollen. instr. 2, 2, 18. 17, 16 in
illo [sc. Christo] hilaris, nam saeculo tristis. An Häufigkeit
der Belegstellen überbietet ihn Dracontius vgl. 5, 143. 8, 37.
sat. 10 u. ö. Auch in der Orestis tragoedia v. 435 lesen die
Handschriften: barbara turba fuit. Nam tu regina Pelasgum,
wo Mähly natürlich At tu emendierte, in V. 510 nur der Ber-
nensis, aber gewiss richtig, wenn man V. 380. 435 und 938
vergleicht. Aehnliches finden wir in den Prosaikern derselben
Zeit z. B. Victor Vit. 1, 4 nam et (καὶ δέ). 12 bis u. ö., vgl.
Petschenigs Index S. 163; Theod. Mops in Gal. p. 16, 4;
Ps. Fulg. serm. 76 col. 948 b; Cael. chron. 5, 90. 95. Ich
brauche kaum zu sagen, dass bei Jordanes dieser Barbaris-
mus nicht fehlt; vgl. Mommsen S. 193. Sonst kommt er namentlich bei den spätesten Schriftstellern Galliens, Anthimus
(s. Ludwig zu Commod. apol. p. XX) und Venantius (s. Leos
Index S. 408) und noch später in den langobardischen Ge-

setzen (Pott in Kuhns Ztsch. 12, 177 f.) vor. Aus dem Mittellatein führe ich Itin. Al. 80. 118 und Kluge zu Julius Valerius
p. 37 an. Namque habe ich nur bei Victor Vit. 1, 42 bis;
Ps. Fulg. serm. 14, 866d und wieder bei Jordanes (Mommsen
S. 193) gefunden. Enim tritt in derselben Bedeutung erst
in der Wandalenzeit auf, zunächst bei Fulgentius myth. 3,
6. 11, dann bei Viktor von Vita 1, 40. 43. 2, 33. 66. 3, 34
und Cael. chron. 1, 85. 3, 114. 116. 127. 4, 32. 37. 5, 29 u. ö.
Daran schliessen sich Jordanes (p. 15, 32. 78, 5), Anthimus
(53. 57), Gregor von Tours (vgl. Haases Ausgabe der Schrift
de curs. stell. p. 32), Venantius (s. Leo S. 398), Anonymus
Valesii (62 bis. 74. 83), Itinerarium Alexandri (65) und endlich Julius Valerius (s. Kluge p. 37). Spätere Stellen gibt
Ducange s. v. Der umgekehrte Fall scheint bei Cael. chron.
2, 141 (item ii qui plurimum corporis affecerint atque vires
aegrotantis insumpserint. Dat etiam adiutoriis medicinalibus
fortitudo corporis viam) vorzuliegen. Etiam verwendet Fulgentius ganz allgemein zur Verbindung von Sätzen z. B. reiht
er myth. 2, 3 drei Sätze mit etiam roh aneinander und fügt
den vierten mit quoque bei; ein Grieche würde hier überall
δέ setzen. In der Aegritudo Perdicae steht zweimal aut, wo
man et erwartete: v. 67 talibus est verbis socios aut voce
secutus (vgl. Orestis trag. 460 evomit in gemitus voces et
verba doloris) und 124 f. hoc poteris componere verbis aut
vox qualis erit adgresso nempe parentem? [78]) Andererseits
wagte vielleicht Caelius Aurelianus chron. 2, 139 ac statt aut
zu setzen: ordine servato aut inordinato et superpositionibus
ac lenimentis magnis aut parvis et detracta virium fortitudine
ac servata. Derselbe vertauschte sed nach einer Negation
mit ac (chron. 5, 89). Dem entspricht non tantum — et
(= sed) bei Victor Vit. 3, 16. Dagegen erscheint sed als

---

77) Auch die Akten der um 150 in Rom hingerichteten Märty-
rerin Felicitas, die zuerst von Gregor dem Grossen erwähnt werden,
bieten c. 2 ein Beispiel dafür. Durch einen merkwürdigen Zufall
lebte darin eine uralte Eigentümlichkeit der altitalischen Dialekte
wieder auf.

78) Bei Verg. Aen. 12, 913 (vox aut verba) scheint aut statt
et wegen des vorhergehenden neque gewählt zu sein; im übrigen
vgl. Wölfflin, Allitteration S. 88. 93.

blos anreihende Partikel bei Dracontius 10, 341. 432, dem
Venantius Fortunatus (Leo S. 417) und Jordanes (p. 33, 19)
folgen. Die gewichtigen Partikeln ergo und etenim verändern
ebenfalls ihren Standpunkt: ergo vertritt bei Cypr. sentent.
episc. 4 (Licet sciamus omnes scripturas sibi testimonium
reddere de salutari baptismo, debemus ergo fidem nostram
exprimere) eine adversative Partikel; etenim gebt in die Zahl
der blos anreihenden Konjunktionen über und zwar zuerst bei
Caelius chron. 4, 78, dann oft bei Jordanes (Mommsen S. 187).
Aus späteren afrikanischen Schriften führe ich noch an: dum
gleich finalem ut bei Victor Vit. 1, 5; si tamen = εἴγε Theod.
Mops. 1, 11 (wie auch bei Cassius Felix p. 3, 6. 21. 34, 2.
70, 8. 151, 13) oder si igitur in demselben Sinne p. 212, 17;
si minime = si minus Liberatus brev. 5; quia = quomodo
Cael. chron. 4, 73 quo modo autem initium sumendum sit vel
panis fieri debet partitio vel quia in pulmentorum mutationi-
bus vinum vel lavacrum detrahimus, ex iam dudum dictis
accipiendum probemus [79]); nisi = nec Cael. chron. 5, 82 sed
non est plurima discretio nisi intentio adbibenda. Wer durch
diese Proben sich nicht abschrecken lässt, sei auf Ammans
Ausgabe des Caelius Aurelianus (Amsterdam 1709. 1755 u. ö.)
verwiesen; dieser gelehrte Mediciner widmet den Partikeln
mehr Sorgfalt als mancher Philologe und merkt die Abweichungen von dem gewöhnlichen Gebrauche an, allerdings
nicht ohne des Guten zu viel zu thun. Ueberdies bedarf der
Autor dringend einer kritischen Ausgabe, wozu freilich Handschriften erst wieder aufgefunden werden müssen.

Es erübrigt nur noch, der Bedeutung unserer Schriftsteller
für den Wortschatz der lateinischen Sprache zu gedenken.
Was die Neubildungen betrifft, so ist hier nicht der ge-
eignete Ort, darüber zu sprechen; auch würde der Raum
nicht ausreichen, um die Tausende von Wörtern, mit welchen
jene den Sprachsatz bereichert haben, einfach aufzuzählen.
Betrachten wir jedoch des Beispiels halber die dem nach-
klassischen Latein eigenen Substantiva auf men, so sind unter
43 mir bekannten Bildungen 23 blos afrikanisch, 6 zuerst von
Afrikanern gebildet, dagegen nur 4 in anderen Provinzen entstanden und 10 den Afrikanern fremd. Im besonderen hat

---

79) Vielleicht verwechselte Caelius quia mit qui.

Tertullian, den Paucker (Ztsch. f. öst. G. 1881 S. 484) ecclesiastici eloquii quasi informatorem nennt, ungemein viele Wörter neu geschaffen. So weist Joseph Schmidt in seiner Abhandlung „commentatio de nominum verbalium in -tor et -trix desinentium apud Tertullianum copia ac vi, Erlangen 1878" nach, dass bei ihm nicht weniger als 106 neue Wörter auf -tor, von denen 74 auch später noch vorkommen, und 47 neue Wörter auf -trix erscheinen. Es wäre wünschenswert, auch für andere Wortklassen solche Beobachtungen zu erhalten, da J. P. Condamins Schrift de Q. S. F. Tertulliano .... Christianae linguae artifice (Leiden 1877) bei weitem nicht genügt. Bei den Adjektiven haben namentlich die Ableitungen mit den Suffixen -osus [80]) und -bilis den Afrikanern sehr viel zu danken. Freilich dürfen wir dabei nicht vergessen, dass uns nicht die ganze lateinische Literatur, sondern nur ein Trümmerfeld erhalten haben; wir finden z. B. jetzt sacrator nur bei Augustin, aber schon auf der alten päligniscben Weihinschrift von Corfinium liest man sacaracirix = sacratrix, s. Bugges altitalische Studien S. 66 f. Ein einziges Suffix dürfen wir im Altertume für Afrika in Anspruch nehmen; dieses ist itta (auch ita oder uta), worüber Hübner in der Ephemeris epigraphica II handelt. So steht in den Inschriften Bonitta 2906, Pollitta 4963, Politta 437, Pollita 5244, Credduta 1700. Jeder denkt hier an das verbreitete romanische Suffix etta, dessen Geschichte noch erheblich dunkel ist.

Ueberdies haben aber die Afrikaner manche Suffixe anders verwendet als in der gewöhnlichen Sprache geschah. Ganz sicher steht dies bei der kausativen Anwendung der Inchoativa, wobei in älteren Autoren nur suesco mit seinen Compositis einschliesslich mansuesco (Varro r. r. 2, 1, 4; Coripp. Joh. 6, 253. 484) und quiesco eine Ausnahme machen. Wir treffen also inolesco Gell. 12, 5, 7; hilaresco, heiter machen Aug. conf. 5, 13; pavesco, in die Flucht jagen Coripp. Joh. 1, 332; pulcresco, schön machen Orestis trag. 128; te-

---

80) Bereits Kretschmann (de latinitate L. Apulei Mad. p. 50 sqq.) bemerkte, dass in Afrika ungewöhnlich viele Eigennamen auf -osus vorkommen; dass dies richtig ist, lehrt ein Blick in die Register des achten Inschriftenbandes.

pesco, erwärmen Orestis trag. 582; dulcesco, versüssen Fulg.
Verg. cont. p. 141; innotesco, bekannt machen Tertull. adv.
Marc. 4, 31. August. soliloq. 7, 1; Vict. Vit. 3, 4; Liberatus
brev. 11. Ausserdem kommt diese Unsitte angeblich zuerst
im Munde Aurelians bei Vopisc. Aur. 38, 3 vor; einige andere
Beispiele gibt Ott (Jahrbb. 1874 Bd. 109 S. 843 f.), womit
man Muncker im Kommentar zu der erwähnten Stelle des
Fulgentius und Löwe (Prodromus p. 362) verbinde. In Italien hat sich der Solöcismus bis auf den heutigen Tag erhalten, indem die Verba der vierten Konjugation den Singular
und die dritte Person des Plurals häufig von dem Inchoativ-
stamme bilden [81]). Ott bemüht sich (Jahrbb. 1874 Bd. 109,
781 f.), das gleiche von der Verwechslung der Verbal-
substantiva auf mentum mit denen auf -tio nachzuweisen; da jedoch über diese Bedeutungsänderung vorläufig
noch keine anderen Beobachtungen vorliegen, so ziehe ich es
vor, Otts Ansicht nur zu registrieren. Er führt an Beispielen
auf: Apul. apol. 82. flor. 1, 13 dissimulamentum; über Tertullian s. J. Schmidt, de latinitate Tertullianea I (Erlangen
1870) p. 26; 1 Job. 4, 18 bei Tertull. fug. 9 supplicamentum
= κόλασις; cunctamentum bei Martianus Capella; fricamentum
und confricamentum bei Caelius Aurelianus, endlich Vulg. 1
Machab. 14, 37 ad tutamentum regionis (εἰς ἀσφάλειαν), in
einem Buche, dem möglicherweise eine afrikanische Uebersetzung zu Grunde lag. Wahrscheinlich sind die Afrikaner
auch bei der aktiven Verwendung der Adjektiva auf bilis
in hervorragendem Grade beteiligt; Arnobius bietet allein acht
Belege: frustrabilis 2, 22. 6, 22; irrevocabilis 2, 5; irrecorda-
bilis 2, 28; penetrabilis 4, 23; cruciabilis 2, 34; venerabilis
1, 29; genetabilis 2, 28. Sonst fiel mir nichts besonderes auf.
  Der eigenartige Gebrauch gewöhnlicher Wörter
entgeht niemand bei der Lektüre einer afrikanischen Schrift.
Ich beschränke mich auch hier darauf, ein Paar Beispiele,
für die mannigfaltige Belege beigebracht werden können, als
Muster zu geben. Viele Afrikaner wenden censeo im Sinne

---

81) Wir dürfen daher den Verfasser der Orestis tragoedia milder
beurteilen als sein Herausgeber Mähly (praef. p. XXV sqq.), der nur
die beiden bei ihm vorkommenden Beispiele kennt.

von appello an z. B. Apul. met. 5, 26 (nomen quo tu cen-
seris); Tertull. ad ux. 1, 6 (de virginitate censentur). cor. 13.
monog. 4. 8. pud. 11 u. ö.; Arnob. 1, 3 p. 6, 10 (nominibus).
3, 5 p. 114, 22 (nominibus). 5, 44 p. 213, 10 (appellationi-
bus)[82]). Perduco = haurio lesen wir Apul. met. 10, 5
(vini poculum); Arnob. 5, 26 p. 197, 23 (liquorem); C. I.
L. VIII 1027, 8 (potiones calicis), was sich später die Aerzte
angeeignet haben.

Vieles auf diesen Teil bezügliche wurde noch in der letzten Stunde von dem Verfasser bei Seite gelegt, weil ihm an
dem spezifisch afrikanischen Charakter Zweifel aufstiegen;
dennoch ist gewiss, während auf der anderen Seite wohl
manches hieher gehörige übergangen wurde, noch zu viel
stehen geblieben; aber obgleich ich darauf gerichtete Nachweise zum Voraus freudig begrüsse, wenn sie die Erkenntnis
des „eisernen" Lateins befördern, vertraue ich doch darauf,
dass es unmöglich sein wird, alle meine Annahmen zu erschüttern. Das „Nebelbild, genannt Africitas" hat also greif-
bare Gestalt angenommen; der späteren Zeit wird es, wenn
der Strom von Monographieen nicht plötzlich versiegt, vorbehalten bleiben, die Stellung der Africitas innerhalb der nach-
klassischen Latinität genauer und schärfer zu bestimmen als
es jetzt der Kraft eines Einzelnen möglich ist.

---

82) Censeo scheint überhaupt nach Hadrian in Afrika besonders beliebt gewesen zu sein; dagegen findet sich das Wort in der
Vulgata überhaupt nicht.

I. Exkurs.

Die Herkunft des Gellius.

Für die Literaturgeschichte hat sich durch unsere Abhandlung eine Bestätigung der Ansicht derer, die Minucius
Felix[1]) und Lactantius Firmianus in Afrika geboren sein
liessen, ergeben. Meines Wissens hat aber noch niemand bestimmt dasselbe von Gellius behauptet; seine eigenen Aeusserungen, dass er als adulescentulus in Rom weilte (18, 4, 1) und
dort seine Ausbildung genoss (ib.; 7, 6, 12 u. ö.), leiteten vielmehr
darauf hin, ihn für einen Römer zu halten[2]). Die Aehnlichkeiten
seiner Sprache mit der des Apuleius und Fronto erklärte man
daraus, dass er sich der Richtung des einflussreichen Rhetors an-
schloss. Dies mag für die zahlreichen Archaismen genügen; aber
sollte es möglich sein, dass Gellius, um sich in Gunst zu
setzen, nicht blos die Ideen des Fronto annahm, sondern sich
vollständig in einen Afrikaner verwandelte? Ich lege gerade
auf den S. 108 besprochenen semitischen Plural populi Gewicht; Gellius wendet ihn 3, 3, 2 (cum ad Platonem pergeret
complurisque populos concurrentes videret) ohne Zweifel, um
den Begriff „Leute" auszudrücken, an. Trotz seiner gedrun-
genen Ausdrucksweise gebraucht Gellius ferner so viele Paare
synonymer Adverbia und Konjunktionen, wie kaum ein anderer Prosaiker; er häuft, wie erwähnt, sogar die Pronomina.
Auch sonst sind wir mehrmals Gellius in den Reihen der
Afrikaner begegnet; ich erinnere z. B. an die Zusammen-

---

1) Im vorigen Jahrhunderte suchte man schon nach Afrikanismen (vgl. Lindners Ausgabe), andere wie J. Dan. van Hoven (de
vera aetate . . . M. F. Campis 1762) polemisierten dagegen. Jetzt
ist zu Gunsten jener Meinung so ziemlich die Einstimmigkeit hergestellt. Die literarhistorischen Momente stellte Morelli (Africa Christiana II p. 75 sq.) zusammen; dazu kommen noch die zahlreichen Berührungen mit Apuleius, über die Ott (Jahrbb. 1874 S. 858) und
Dombart (Uebers. des Min. F. S.² 124) sprechen.

2) vgl. Vogel, de A. Gellii vita p. 2.

setzung der Substantiva mit negativem in. Den Abschluss
möge noch ein kleines keineswegs vollständiges Verzeichniss
afrikanischer Wörter des Gellius bilden: decrementum 3,
10, 11 — Apul. met. 11, 1. August. enarr. in psalm. 71, 8;
insuavitas 1, 21, 4 — Tertull. mart. 3 in. paenit. 10. Cael.
acut. 2, 115; invalentia 20, 1, 27 — Apul. dogm. Plat. 1, 18;
locutor 1, 15, 1 — Apul. met. 1, 1. Aug. civ. d. 14, 5. in
psalm. 118. serm. 29, 3; naevulus 12, 1, 7 — Fronto p. 91,
18 Ps. Apul. de mund. 5 extr.; parilitas 14, 3, 8 —
Apul. Tertull. Aug.; scaevitas praef. 20. 7 (6), 2, 8. —
Apul. met. 3, 14. 4, 2. 9, 10 (auch bei dem Kosmopoliten
Amm. 30, 4); tergiversator 11, 7, 9 — Arnob. 7, 43;
ineffigiatus 17, 10, 3 — Tertull. de anim. 9; inopinabilis
11, 18, 14. 17, 9, 18. 12, 1 — Aur. Victor Caes. 39, 16 (Amm.
29, 1 und im Mittellatein bei Jul. Valer. gest. Alex. 1, 9.); iurgi-
osus 1, 17 — Apul. mag. p. 20; meridialis 2, 22, 14 —
Tertull. anim. 25 (Amm. 22, 15, 2); plurativus 1, 16, 13.
5, 21, 8. 19, 8, 4. 20, 6, 11 — Arnob. 4, 13, auch bei dem
Griechen Gaius Digest. 50, 16, 148; absone 15, 25, 1 —
Apul. apol. 5. Arnob. 2, 14. 53; asseverate 7, 5, 2 —
Apul. apol. 25; dintule 5, 10, 7. 11, 16, 6 (daraus Macrob.
sat. 7, 11, 3 u. ö.) — Apul. flor. 2; immaniter 1, 26, 8 —
Aug. conf. 10, 37 (Amm. 18, 7, 4); universim (unsicher
bei Colum. 6, 29, 3) 1, 3 — Cael. chron. 5, 113; usitatius
13, 20, 21 — Aug. de trin. 9; concreo 19, 5, 5 — Arnob.
2, 59. Vulg. Sirach 1, 16; obnubilo 1, 2, 5 — Apul. met.
8, 8. 9, 24. Aug. ep. 36, 2. civ. d. 9, 4, 3. serm. domin. 2, 21.
(Amm. 16, 1. 22, 11 u. ö.); pensiculo 1, 3, 12 (pensiculate).
13, ‘20, 11 — Apul. flor. 9 p. 9, 18. de deo Socr. in. Con-
sonantia heisst „Uebereinstimmung“ 6 (7), 20 lemm. 13, 21
(20, 5) — Tertull. adv. Iud. 11. 14. Prisc. 8, 2 p. 370 H. Die
Redensart insuper habere endlich erscheint bei Gell. 1,
19, 8. 4, 1, 18 und Fronto p. 65, 13. Apul. met. 4, 25.

Diesen sprachlichen Bemerkungen reihen wir noch ein
paar andere an, die, wenn sie auch für sich allein nichts beweisen, doch zu stärkeren Momenten hinzugefügt die Wahrscheinlichkeit erhöhen. Gellius bewegt sich, soweit wir die
Herkunft der von ihm erwähnten Gönner und Freunde kennen,
in den Kreisen der Provinzialen, die damals noch in einem
gewissen Gegensatze zu den privilegierten Italienern standen.

Bei seinem Verkehr mit Fronto könnte man auf den Zwang der äusseren Verhältnisse hinweisen; aber der Numidier Julius Celsinus ist bei Einladungen (19, 7, 2) und Besuchen (19, 10, 1. 11) der unzertrennliche Begleiter des Gellius. Endlich unterrichtete der Grammatiker Sulpicius Apollinaris aus Karthago unseren Gellius und trat in ein näheres Verhältnis zu ihm. Es ist wohl auch nicht einem blossen Zufalle zuzuschreiben, dass nach Wölfflins Beobachtung der Afrikaner Nonius,' dessen lexikalische Collectaneen sich im Ganzen auf das archaische und goldene Latein beschränken, manche Stellen seines Landsmanns Gellius, wenn auch mit Unterdrückung des Namens anführt.

Ich gebe zu, dass sich kein mathematisch genauer Beweis führen lässt, hoffe jedoch, dass eine genauere Erforschung der Sprache des Gellius, als ihr bis jetzt zu Theil geworden ist, die Wahrscheinlichkeit der Annahme nur erhöhen wird.

II. Exkurs.

Die Heimat der sogenannten Itala.

Augustin rühmt in einer berühmten Stelle (de doctrin. Christ. 2, 15) eine Bibelübersetzung, die er Itala nennt, vor allen anderen. Aus dem Namen derselben geht ohne allen Zweifel hervor, dass sie in Italien entstanden war, weshalb es einem Philologen unbegreiflich sein muss, wie so viele bedeutende Theologen den afrikanischen Ursprung verteidigen und ihrer Hypothese zu Liebe wunderliche Erklärungen des Namens ersinnen konnten[1]). Rönsch und Ott verglichen gar Arnob. 4, 29 cuius (Euhemeri) libellos Ennius sermonem in Italum transtulit, um zu beweisen, dass Italus soviel als provinziell bedeute; und doch war Ennius ein Italer und schrieb korrekt lateinisch, ja war sogar im eminenten Sinne

---

1) Ziegler. die lateinischen Bibelübersetzungen vor Hieronymus, München 1879 (die wissenschaftlichste und klarste Schrift über die Italafrage) S. 24 ff.

Bildner der lateinischen Sprache. Auch die historischen
Gründe, die für Afrika sprechen sollen, haben kein Gewicht
und sind schon hinreichend widerlegt; ich füge nur hinzu,
dass, während man behauptet hat, nicht in Afrika, sondern
in Italien hätten die christlichen Gemeinden wegen der allgemeinen Verbreitung des Griechischen keiner Uebersetzung
der Bibel bedurft, in der That das umgekehrte Verhältnis
stattgehabt hat. Die Theologen rufen aber auch die Sprachwissenschaft zu Hilfe und hierüber müssen wir uns ausführ-
licher äussern.

Auch hier wurde jedoch die Frage verwirrt, indem viele
ohne alle Berechtigung den Namen Itala auf alle Reste vor-
hieronymianischer Bibelübersetzungen übertrugen; sie gingen
dabei von der seltsamen Anschauung aus, dass alles uns erhaltene von einer einzigen vor Tertullian verfassten Uebertragung abzuleiten sei. Abgesehen von den dagegen sprechenden patristischen Stellen[2]) kann es dem, der sich nur etwas
mit der diplomatischen Kritik beschäftigt, nicht zweifelhaft
sein, dass sich zwar öfters mehrere Versionen auf einen Arche-
typus zurückführen lassen, dass aber an eine einzige Ur-
übersetzung als Quelle aller erhaltenen nicht im mindesten zu
denken sei. Um sich davon zu überzeugen, genügt es, Tertullians höchst individuelle Bibel mit einer beliebigen anderen
zu vergleichen. Wollen wir daher die Herkunft der Uebersetzungen untersuchen, so müssen wir die einzelnen Handschriften und Citate scharf auseinander halten. Dies haben
Wiseman[3]) und Ott (Jahrb. 1874 S. 764 ff.) ausser Acht ge-
lassen; aber auch sonst darf man auf ihre Behauptungen sich
nicht verlassen, obgleich sie nicht selten als Autoritäten citiert
werden. Ersteren widerlegte schon Gams (Kirchengeschichte
von Spanien I S. 86 ff.), der, wenn auch an diesem Abschnitte
manches auszusetzen ist, doch Wiseman in der Kenntnis des
Spätlateins übertrifft. Wir lassen daher den gelehrten Kardinal bei Seite und wenden uns zu Ott, dessen Name in der
lateinischen Sprachforschung einen guten Klang hat; er hat
(Jahrbb. 1874 S. 759) richtig gesehen: „Ausgegangen muss

2) Ziegler, a. o. S. 61 ff. und die Freisinger Italafragmente
S. 19 f.
3) essays on various subjects I p. 42 ff.

werden von dem sprachlichen Idiom." Dies ist unbestreitbar, aber ebensowenig lässt sich leugnen, dass er, obgleich er alle vorhieronymianischen Uebersetzungen heranzog, doch den Beweis des afrikanischen Ursprunges nicht geführt hat. In seiner trefflichen Recension von Rönsch's Itala versucht zwar Ott, den Bedeutungswandel der Substantiva auf -mentum (a. O. S. 780 ff.) und die Verwendung der Präposition erga im Sinne von περί (a. O. S. 849 ff.) für seine Hypothese zu verwenden. Bei letzterem Punkte traf ihn jedoch das Missgeschick, dass er nicht nur selbst mehrere entschieden nicht afrikanische Beispiele anführte, sondern auch die Mehrzahl der übrigen aus Irenäus und der Itala, deren Heimat erst nachzuweisen ist, schöpfte. Somit bewegte er sich in einem circulus vitiosus. Den anderen Punkt erkenne ich, wie gesagt, vorläufig als richtig an; die „Itala" ist aber dabei nur mit 1 Joh. 4, 18 bei Tertull. fug. 9 und 1 Macbab. 14, 37 Vulg. betheiligt. Sonst können wir keinen einzigen Afrikanismus der Syntax oder Wortbildung in irgend einer vorhieronymianischen Bibelübersetzung nachweisen. Kein Wunder! Der Bibelübersetzer ist, weil er den Sinn des Originals so genau als möglich wiederzugeben trachtet, wie mit tausend Fesseln gebunden. Was bleibt uns demnach zur Beurteilung der Sprache übrig, als Wortschatz und Wortbedeutungen? Aber hier werden wir wieder einmal an die Unzulänglichkeit unserer Lexika erinnert; von dem, was ich im Folgenden gebe, wird also noch vieles abgezogen werden müssen. Ueberdies musste ich mich auf Rönschs Buch, obgleich seine ausserordentliche Lückenhaftigkeit bei einigen Stichproben mir klar wurde[4]), stützen und hatte weder Zeit noch Lust, es zu ergänzen. Dennoch scheinen sich einige Resultate zu ergeben.

Die Bibel Tertullians[5]) scheint afrikanisch zu sein, vgl. die Wörter aspernamentum (Rönsch 22)[6]), supplicamen-

---

4) Rönsch scheint keine vollständige Konkordanz zur Vulgata benützt zu haben, sonst würde er nicht einige hundert Wörter ganz übergehen.

5) Rönsch, das neue Testament Tertullians, Leipzig 1871; Ziegler, Italafragmente S. 64 f. A. 2.

6) Der Kürze wegen verweise ich auf Rönschs Itala und Vulgata.

tum (24), sputamcn (27), circumstringo (183), munditenens
(226). Die Konstruktion adfectare ad (Luc. 15, 15 f.) erscheint auch Tertull. de anima 46. Aehnlich verhält es sich
mit den Bedeutungen von advocatio (305), iniectio (315),
victima (327), hactenus (340), deliberare (357) und succidere
(381). Ueberhaupt zeigen die Bibelcitate eine solche Aehnlichkeit mit der Sprache Tertullians, dass ich glauben möchte,
er citiere für gewöhnlich ausser streitigen Stellen sein eigenes
Handexemplar.

Auch bei C y p r i a n s Bibel [7]) möchte man, weil seine
Citate mit denen des Lactantius, Commodianus, Primasius
und der Provinzialsynode von Karthago im Jahre 256, so
wie des Sikulers Firmicus Maternus sich decken, ihren Ursprung in Afrika suchen. Irre macht mich nur, dass afrikanische Wörter fast völlig fehlen; Rönsch (S. 27) führt
sputamina Cypr. p. 402, 11 als biblische Anspielung an, indes bietet Cyprians Exemplar in Wirklichkeit Jes. 50, 6 an
zwei Stellen (p. 78, 6 und 507, 12) ohne Variante sputorum.
Besser beglaubigt ist ploratio (R. 76) p. 276, 11, das Hartel
auch p. 58, 18 mit WLB in den Text hätte setzen sollen;
doch wer wird so kühn sein, sich auf ein einziges Wort zu
stützen?

Ein ähnliches Verhältniss waltet bei der I t a l a im enge-
ren Sinne ob; das neue Testament Augustins gebraucht
communicare (R. 354) wie die Afrikaner für profanare, aber
beides geht nur auf das griechische κοινοῦν zurück. Mt. 5, 8
soll Augustin mundicordes (R. 226) citieren und ebenso in
der 53. Predigt schreiben. Es wäre doch wunderlich, wenn
der lateinische Uebersetzer den griechischen Autor, bei dem
οἱ καθαροὶ τῇ καρδίᾳ steht, in der Komposition überflügelt
hätte; natürlich ist 'mundi cordis' zu ändern. Nun bleibt das
einzige Wort communicator (R. 55) und wir befinden uns
auf demselben Standpunkte wie bei Cyprian. Beim alten
Testamente steht es noch schlimmer, indem hier jeglicher
Anhaltspunkt fehlt; nur der Pentateuch nimmt eine abgesonderte Stellung ein. Dort finden wir die Afrikanismen:
exsecramentum (R. 23) Num. 5, 21. Deut. 7, 26; reliqui-
arium (32) Gen. 45, 7; supernomino (201) Exod. 20, 24;

---

[7])Ziegler S. 36 ff.

superpositio (220) Levit. 23, 15; diversicolor (225) Exod.
aliquem 83, 23 und clamare aliquem (352) Exod. 3, 4; incum-
bere (370) Gen. 28, 13; turbari (383) Genes. 48, 1. Augustin
scheint also eine von einem Landsmanne verfasste Pentateuch-
version benützt zu haben.

Andere scheinbare Afrikanismen in Citaten der übrigen
kirchlichen Literatur stelle ich hier kurz zusammen, um auch
nach dieser Seite die angebliche Herkunft der angeblichen
Itala zu erschüttern: bei Ambrosius steht involumentum (23)
und compar „Gefährte" (308), bei Cassiodorius foras als
Präposition (398), bei Lucifer turpilucrus (228), bei Victorinus Afer posterganeus (515), dann in der Collatio legum
Mosaicarum et Romanarum aspernamentum (22), in der Uebersetzung des Barnabasbriefes supplicamentum (24), pinguamen
(26) und vielleicht clamare aliquem (352), endlich Interpr.
Orig. in Matthaeum turbela (513) und subrelinquo (212. 518)
Jeder sieht, dass ein so dürftiges Material gar nichts beweist.

Bei der Vulgata handelt es sich um die Stücke, die
Hieronymus nicht selbst übersetzt, sondern aus älteren Versionen unverändert herübergenommen oder überarbeitet hat.
Ersteres ist bei den apokryphen Schriften des alten Testamentes der Fall und hier hat die Annahme viel für sich,
dass Hieronymus' Vorgänger in Afrika lebte. Bei dem Buche
Sirach halte ich es sogar für gewiss, da hier zu viele Aehnlichkeiten vorliegen. Wir sind schon früher einige Male z. B.
bei pessimare auf dieses Buch zu sprechen gekommen; mit
diesen Bemerkungen vereinige der Leser die Wörter exsecramentum (23), religiositas (53), prospector (58), dulcor (63),
offuscatio (76), victimare (159), pravicordius (227) und
gemmula (c. 32, 7, sonst von Fronto ep. 4, 3 gebraucht).
Zunächst schliesst sich das Buch der Weisheit mit involumentum (23), nugacitas (52), ineffugibilis (111), infirmiter (150)
und dem ungewöhnlich angewendeten commemoratio (308)
an. Ausserdem erinnere ich für die Erzählung von den
Makkabäern an Otts Ansicht über tutamentum „Schutz"
(1 Macc. 14, 37). Das neue Testament wurde bekanntlich
von Hieronymus nur umgearbeitet; seine Vorlage war aber
schwerlich afrikanisch. In den Evangelien zählen genimen
(γέννημα 26), regeneratio (παλιγγενεσία 77), communicare
(κοινοῦν 354) und wohl auch pinnaculum (πτερύγιον 38)

und commemoratio (ἀνάμνησις 308) zu den Gräcismen; unter
dieselbe Kategorie fallen subintroeo (παρεισέρχομαι 210),
commemoratio (ἀνάμνησις 308) in den Apostelbriefen und
foras (ἔξω 398) als Präposition in der Apostelgeschichte.
Somit bleiben höchstens als Afrikanismen übrig communicator
(κοινωνός 55), fornicator (πόρνος 57) und seductor (γόης 59)
in den paulinischen Briefen; aber wenigstens die beiden
letzten wenden, wenn mich das Gedächtnis nicht trügt, auch
andere ausser Afrika geborene Schriftsteller an.

Die von der Vulgata unabhängigen Handschriften bieten
auch nicht mehr Anhaltspunkte; ich will einige Berührungen
mit Afrikanern kurz mitteilen: im Ashburnbamensis obliga-
mentum (512), Boernerianus lucrifico (177), seductor
(59), accepto ferre (346), compar (308), Cantabrigiensis
sputamentum (24), Claromontanus fornicator (57), seductor (59), accepto ferre (346), Harleianus lucrifico (177),
Vallicellianus quotidianis diebus (343) und im Veronen-
sis und Vercellensis sputamentum (24). Einzelne Beispiele mögen sich hinzufügen lassen, doch wird überall eine
sorgfältige Prüfung nötig sein, ob wir es mit einer wort-
getreuen Nachbildung oder einem selbständigen Worte zu
thun haben. Diese Quisquilien genügen natürlich nicht, um
den afrikanischen Ursprung nachzuweisen. Nur beim Boernerianus und Claromontanus dürfen wir, da sie Interlinear-
versionen mit zahlreichen Varianten sind, annehmen, dass
der Uebersetzer neben anderen auch eine afrikanische Version benützt hat.

Ich bin bisher auf einiges nicht eingegangen, was für
Afrika ins Feld geführt wurde. So nimmt Rönsch (S. 307
A. 1) die Bezeichnung des Vorsabbat durch cena pura für
Afrika in Anspruch, weil nach August. tract. 120 in ev. Io.
die Juden 'apud nos' so sagen; er übersieht jedoch, dass
sowohl 'apud nos' überhaupt „im lateinischen Westen" heissen
kann, als auch, selbst wenn es nur Afrika bezeichnet, den Gebrauch in anderen Provinzen nicht ausschliesst. So lange
also Rönsch keine besseren Belege beibringt, haben die neun
von ihm citierten „Itala"-Codices, die Version des Irenäus
und die beiden zweisprachigen Glossare des Vulcanius mit
Afrika nichts zu schaffen. Heftige Fehde entbrannte bekannt-

lich um das Wort ponderosus[8]); in einer vorhieronymianischen Uebersetzung von Levit. 21, 2 bedeutet es so viel
wie herniosus, was man mit Arnob. 7, 34 (ingentium herni-
arum magnitudine ponderosi) verglich, obgleich dort ponderosi nichts anderes als gewöhnlich, d. h. beschwert bedeutet.
Fassen wir nun kurz zusammen, was aus Afrika zu
stammen scheint, so können wir mit einiger Sicherheit hieher
rechnen:

1. Tertullians Uebersetzung;
2. den Pentateuch Augustins oder wenigstens eine
   Handschrift des Pentateuch, die er benützte;
3. von der Vulgata Sirach, Buch der Weisheit und
   vielleicht die Makkabäer;
4. eine Quelle des Boernerianus und Claromontanus für
   die paulinischen Briefe.

Die Itala selbst stammt nicht aus Afrika, sondern hat
Italien zur Heimat. Man nimmt nun gewöhnlich an oder
polemisiert von Seiten der Afrikanomanen dagegen, dass die
Itala in Rom entstanden sei; dann würde sie aber wahrscheinlich Augustin Romana genannt haben. Dem Namen
nach ist sie in einer kleineren Stadt Italiens, z. B. in Neapel,
dem zweiten Hauptorte der italienischen Christen, verfasst.

---

8) Jahrbb. 1879 S. 79 f.

Nachträge und Berichtigungen.

Zu S. 6: Wäre auf Desjardins' Publikation der Schlenderbleie (Desiderata du Corpus inscriptionum Latinarum) Verlass, so könnten wir die Umwandlung von AE in E für Rom etwa in die Zeit des Bundesgenossenkrieges setzen; ein Soldat schrieb Esis = Aesis (l. c. fasc. II Nr. 63) und ein anderer soll nach Desjardins (ib. Nr. 28) Pelig. = Paelig. geschrieben haben, wovon ich wenigstens auf der beigegebenen Abbildung nichts finden kann.

Zu S. 8: Sallusthandschriften bieten nicht selten Dative auf e, die nach Schmitz (Beiträge zur lat. Sprache S. 94) aus ei verdorben sind.

Zu S. 15: Die gorgia tritt in Toskana erst zur Langobardenzeit auf, z. B. chonsideratus, sechundo, chi, che u. ähnliches, vgl. Bluhme, die gens Langobardorum II (Bonn 1874) S. 23.

Zu S. 16: Prosepnais könnte auch nichts weiter als ein latinisierter Genitiv zum etruskischen Nominativ Phersipnei sein.

Zu S. 26: Das spoletinische Tempelgesetz hat H. Jordan in den quaestiones umbricae (Regim. 1882 p. 16 sqq.) am genauesten herausgegeben und kommentiert. Er polemisiert gegen Bormann und Bücheler (Rh. Mus. 1880 S. 627), weil sie Anklänge an das Umbrische finden wollten, weist aber selbst auf einen syntaktischen Umbricismus (p. 20) hin, freilich nur um sogleich wieder darin eine Spur der lingua rustica zu sehen. Das spoletinische Gesetz bietet nämlich regelmässig neque für neve: ne quis violatod neque exvehito neque exferto neque cedito. Hätte Jordan Drägers historische Syntax (I² S. 313) statt Wagner, Hand und C. F. Müller nachgeschlagen, so hätte er überhaupt kein Wort darüber verloren. — Auch Bréal (Mémoires de linguistique 1881 p. 403 f.) handelt über das wichtige Denkmal.

Zu S. 35: Charisius (p. 215, 20 ff. K) sagt über die kampanische Mundart: Primo pedatu Cato senex . . . . hodieque nostri per Campaniam sic locuntur.

Zu S. 36: Jordan (quaestiones umbricae p. 22) nennt proiecitad ein 'monstrum'.

Zu S. 39: Zu derselben Ansicht über atos und hata kam unabhängig von Jordan der italienische Epigraphiker Gamurrini (appendice al Corpus inscriptionum Italicarum, Firenze 1880 zu Nr. 923).

Zu S. 42: Ich habe eine zweite Stelle des Varro in derselben

Schrift (p. 31 Sp.) leider übersehen. Sie lautet nach dem Codex Florentinus folgendermassen: Itaque hoc cum is (nicht his) in Latio aliquot locis dicitur ut apud Accium non terminus, sed termen. Wie immer die ersten Worte zu emendieren sind, der Sinn der anderen bedarf keiner Erläuterung. Ten Brink und Spengel nahmen ohne Grund an der knappen Citierung des Dichters Anstoss; denn obgleich Varro gewöhnlich den Vers, in dem das betreffende Wort vorkommt, anführt, wird doch auch blos der Name des Dichters gesetzt, z. B. p. 111. Jener schrieb also unnötig Antium, dieser Ariciam.

Zu S. 55: Die eben erschienene · Ausgabe des Ennodius von Hartel, die mit einem reichen Index versehen ist, konnte ich noch an einigen Stellen verwerten.

Zu S. 56: Der blosse Konjunktiv statt des Akkusativ mit Infinitiv erscheint schon bei Ennodius p. 398, 5 H. und Venantius (vgl. Leo S. 395), aber bereits unter der Germanenherrschaft.

Zu S. 56: Das im Archivio storico Marchigiano 1881 veröffentlichte Chronicon Pisauri enthält p. 726 ff. eine passio ss. martirum Decentii ac Germani ex libro antiquo episcopatus Pisauri; hier finden wir p. 726 folgende für das Latein der Britannier interessante Stelle: Cui ait: Quis est tu, qui in eloquentia tua austerus appares et Christi mentionem facis? Respondit Decentius et dixit: Genere sum Anglorum.

Zu S. 59: Vgl. auch Boucherie, mélanges latins et bas - latins in der Revue des langues rom. VII.

Zu S. 64: Die Reinheit der Sprache hatte zum Teil auch darin ihren Grund, dass Spanien sehr früh und rasch romanisiert wurde.

Zu S. 67: Die ältesten romanischen Sprachdenkmäler Spaniens datieren erst aus dem dreizehnten Jahrhunderte, einer Zeit, wo sich in Italien und Frankreich schon eine nationale Literatur entwickelt hatte. Für die Vorgeschichte des Spanischen bieten das reichste Material die sogenannten fueros, namentlich die Verträge zwischen den Spaniern und Moriscos. Erst vor einigen Jahren veröffentlichte Fort einige derselben, die dem Anfang des zwölften Jahrhunderts entstammen, in der España sagrada Bd. 50 p. 383 ff. Wir lesen darin lure, Pl. lures (frz. leur, ital. loro), exita = exitus u. dgl. Ausserdem hat sich in der Literaturgeschichte die Tradition fortgepflanzt, der Erzbischof Elipandus von Toledo, der zur Zeit Karls des Grossen die Sekte der Adoptivianer verteidigte, habe sehr schlechtes Latein geschrieben. Dieses Urteil dürfte auf ein Missverständnis der Worte eines lateinisch schreibenden Autors, der ihm ungewöhnliche rusticitas vorwarf, zurückzuführen sein; Elipandus ist nämlich einer der derbsten Autoren (man lese zum Beispiel den ersten Brief an einen Häretiker, an den er unter anderem schreibt: antequam odor verborum tuorum nobis fetidissimus aspirasset), schreibt aber sonst das Durchschnittslatein der Zeit von 400—800.

Zu S. 73: Auch Gaston Paris (Romania VII 130) führt den Umlaut von U auf das Keltische zurück, jedoch nicht ohne zuzugeben, dass er in Katalonien fehlt und dafür in dem iberischen Aquitanien vorkommt.

Zu S. 76: Der Gromatiker Hygin (p. 121, 24 ff.) achtete auf die provinziellen Ausdrücke der Feldmesser; damit verbindet sich eine Notiz des Isidor (Gromatici p. 368, 1): actus quadratus undique finitur pedibus CXX; hunc Baetici arapennem dicunt, ab arando scilicet.

Zu S. 80: Bei der von der Africitas handelnden Literatur hätte ich auch Otts scharfsinnige Charakteristik der Africitas (Jahrbb. 1874 S. 759 ff.) nicht übergehen sollen. Es frappiert, dass er S. 762 Caelius Aurelianus „den nachweisbar frühesten Afrikaner" nennt; auf den Nachweis wäre ich um so mehr gespannt, als die Sprache auf eine sehr späte Zeit führt. Mit der aufsteigenden Scala der Afrikaner (S. 764) ist es jedenfalls nichts.

Zu S. 82: Afrikanische Rhetoren scheinen auch in andere Provinzen berufen worden zu sein; wenigstens besitzen wir das Grabdenkmal des Rhetors Q. Publicius Aemilianus (C. I. III 2127 a), der in Salona starb, ohne dass die Inschrift andeutete, es sei dies auf der Reise geschehen.

Zu S. 86: Coripp. Just. 1, 169 continuit fovit monuit nutrivit amavit und 3, 74 saltatus risus discursus gaudia plausus. Solche geschmacklose Häufungen pflanzten sich in die lateinischen Epen des Mittelalters fort; Herrn Professor Wölfflin verdanke ich ein charakteristisches Beispiel aus Abbo, de bellis Parisiacis I 192 ff.:

Sanguivomis, laceris, atris, edacibus † aequo
Vulneribus, praedis, necibus, flammis, laniatu,
Persternunt, spoliant, perimunt, urunt, populantur.

Zu S. 95: Der identische Genitiv, wie ich ihn kurz nennen will, erscheint bei Indogermanen nur in orientalisierenden Wendungen wie „König der Könige" u. dgl.

Zu S. 95: Commod. apol. 267 sanctus sanctorum Daniel.

Zu S. 97: Plerique omnes liest man auch Plaut. Trin. 29; aber der Ambrosianus bietet plerique homines, woran nicht zu rütteln ist.

Zu S. 98: nec non et C. I. VIII 828. Necdum = nondum im Relativsatze und nach sed belegt Paucker (Ztsch. f. öst. Gymn. 1881 S. 483) aus Gaudentius und Paulinus.

Zu S. 101: C. I. VIII 500 parentibus supra modum piissimis.

Zu S. 104: intimare steht auch Consultationes Zacchaei Christ. et Apoll. philos. 2, 13. Firm. Mat. err. prof. 6, 1. 19, 5.

Zu S. 104: Der hebraisierende Genitiv erscheint, wie natürlich, im Bibelkommentar des Hieronymus einige Male, dann bei zahlreichen Theologen der späteren Zeit, die im Bibeltone sprechen wollen; Paucker (Ztsch. f. öst. Gymn. 1881 S. 495) führt aus Gaudentius nur iudex iniquitatis tr. 17 an.

Zu S. 105: Nach Dombarts freundlicher Mitteilung stcht Commod.
apol. 97 in der besten Handschrift, dem Codex Cheltenhamcnsis: mi-
nori potentic factus d. h. minoris potentiae factos; damit fällt Rönschs
Vermutung.

Zu S. 106: Rönsch (Ztsch. f. öst. G. 1882. S. 337) belegt infimus
a = inferior a aus Bibelübersetzungen.

Zu S. 109: Wenn ich sage, civitas heisse seit der augusteischen Zeit „Stadt", so ist dieser Ausdruck insofern ungenau, als
schon Dolabella (Cic. ep. 9, 9, 3 Athenae aut alia quieta civitas) das
Wort in ähnlicher Bedeutung gebraucht.

Zu S. 113, Z. 2 v. u. füge hinzu: Ps. 109, 2 bei Aug. civ. d.
17, 17 und Gen. 1, 26 bei Aug. civ. d. 19, 15 in.
ib. Z. 5 v. u.: Aug. civ. d. 11, 21 ll p. 45, 21 Dombart (eiusque
maxime dominatur); sonst gebraucht Augustin den Dativ und zwar
sogar wenn er Bibelstellen, die den Genitiv haben, bespricht.

Zu S. 114, Z. 7: Tertull. spect. 17 hat der codex Agobardinus
„sexus et pudoris exterminans", woraus Klussmann „sensum sexus
et pudoris" herstellte.

Zu S. 149, Z. 12 v. o.: Die Übereinstimmung erklärt sich grösstenteils aus der Benützung der Testimonia Cypriani. Vgl. Zeitschr.
f. histor. Theologie 1871 S. 616 und Hilgenfelds Zeitschr. f. wissensch.
Theologie XXII S. 375.

Zu S. 149 Z. 8 v. u : ‚mundi corde' wird durch Cypr. p. 172, 21
cod. L empfohlen.

In der Zeitschrift für österreichische Gymnasien (1882, S. 430 ff.)
will G. Landgraf den Alexanderroman des Julius Valerius als afrikanisch nachweisen, aber ohne überzeugende Gründe; Punismen fehlen
ganz. In der uns vorliegenden Version, wie wir bei der häufigen Übersetzung, Rückübersetzung und Umarbeitung solcher Elaborate
sagen wollen, tritt uns die Sprache entgegen, die den lateinischen
Romanen des frühen Mittelalters eigen ist. Um die Schrift in das
dritte Jahrhundert zu verlegen, hebt Landgraf hervor, dass der ster-
bende Darius Alexander anrede: Alexander victoriosissime; dies sei
aber seit Aurelian Kaisertitulatur!

Register.

Stellenregister.